高等教育教学研究丛书

高校学生管理工作创新研究

李 敏 著

·郑州·

图书在版编目(CIP)数据

高校学生管理工作创新研究 / 李敏著. -- 郑州：河南大学出版社, 2024. 7. -- ISBN 978-7-5649-5988-3

Ⅰ. G645.5

中国国家版本馆 CIP 数据核字第 2024PU5301 号

高校学生管理工作创新研究
GAOXIAO XUESHENG GUANLI GONGZUO CHUANGXIN YANJIU

责任编辑	郑华峰
责任校对	陈 巧
封面设计	张田田

出版发行	河南大学出版社
	地址：郑州市郑东新区商务外环中华大厦 2401 号　邮编：450046
	电话：0371-86059715（高等教育与职业教育出版中心）
	0371-86059701（营销部）
	网址：hupress.henu.edu.cn
印　刷	广东虎彩云印刷有限公司
版　次	2024 年 7 月第 1 版
印　次	2024 年 7 月第 1 次印刷
开　本	710 mm×1010 mm　1/16
印　张	8.25
字　数	130 千字
定　价	45.00 元

（本书如有印装质量问题，请与河南大学出版社营销部联系调换。）

前　言

在当今这个知识经济迅猛发展的时代，高校学生作为社会未来的主要力量，具有思想活跃、个性鲜明、需求多样的特点。高校学生管理，旨在为学生创造一个良好的学习与生活环境，帮助他们全面发展，实现自我价值。然而，旧有的管理模式往往过于强调规范和纪律，忽视了学生的主体性和个性发展，这显然与当代教育理念背道而驰。

为了更好地适应新时代的教育需求，高校学生管理工作必须进行创新。这种创新不仅是管理手段和技术上的更新，更是管理理念上的转变。高校需要从学生的主体地位出发，关注学生的全面发展，培养他们的创新能力和社会责任感。同时，管理工作的创新也需要与时俱进，充分利用现代信息技术，提高管理效率，为学生提供更加个性化、人性化的服务。

本书系统地对高校学生管理导论、高校学生管理的方法、高校学生管理工作的内容、高校学生管理工作的创新发展进行研究与讨论。希望本书的介绍，能够为读者提供高校学生管理工作创新研究方面的帮助。

本书主要汇集了笔者在工作、实践中取得的一些研究成果。在撰写过程中，笔者参阅了相关文献资料，在此，谨向其作者深表感谢。

由于笔者水平有限，加之时间仓促，书中难免存在一些不足之处，敬请广大读者批评指正。

李　敏

2024 年 5 月

目　录

第一章　高校学生管理导论 …………………………………………… 1
　第一节　高校学生管理的基本概念 ………………………………… 1
　第二节　高校学生管理的基本理论 ………………………………… 8
　第三节　高校学生管理的基本原则 ………………………………… 17

第二章　高校学生管理的方法 ………………………………………… 23
　第一节　学生个体管理和群体管理相结合 ………………………… 23
　第二节　学生的自我管理和参与管理 ……………………………… 32
　第三节　常规管理和异常管理相结合 ……………………………… 42

第三章　高校学生管理工作的内容 …………………………………… 48
　第一节　高校学生学籍管理 ………………………………………… 48
　第二节　高校学生生活服务管理 …………………………………… 60
　第三节　高校学生社团与活动管理 ………………………………… 70
　第四节　高校学生安全管理 ………………………………………… 79

第四章　高校学生管理工作的创新发展 ……………………………… 92
　第一节　高校学生管理工作的信息化发展 ………………………… 92
　第二节　高校学生管理工作的数字化发展 ………………………… 103
　第三节　高校学生管理工作的智能化发展 ………………………… 116

参考文献 ………………………………………………………………… 123

第一章　高校学生管理导论

第一节　高校学生管理的基本概念

一、学生管理的内涵

(一)定义及目标

作为高校管理的重要组成部分,学生管理的内涵是指学校为实现育人目标,对学生实施的教育、管理、服务等一系列活动的总称。它涵盖了学生思想政治教育、学风建设、心理健康指导、资助育人、校园文化建设、学生组织指导等多个方面,并且贯穿于学生在校学习生活的全过程。深入理解学生管理的内涵对于提高高校育人质量,促进学生全面发展具有重要意义。

从本质上看,学生管理是一项系统工程,其核心在于"育人"。一方面,高校学生管理工作者要遵循教育规律,尊重学生的主体地位,激发学生内在的发展潜力;另一方面,高校学生管理工作者要立足学校实际,围绕立德树人的根本任务,将社会主义核心价值观教育贯穿学生管理全过程。

从特点上看,学生管理呈现出多元化、综合性的特点。随着高等教育的快速发展和社会环境的深刻变迁,当代学生的思想观念、行为方式、心理特点日趋多样化。这要求学生管理工作必须与时俱进,不断丰富内容,创新方式,这样才能适应新时代学生成长成才的需求。高校学生管理工作者既要关注学生的思想引领,引导其树立正确的世界观、人生观、价值观,又要重视学生的行为养成,培养其良好的学习习惯、生活习惯和行为规范;既要加强对学生的心理疏导,提升其心理素质和抗挫折能力,又要完善学生的权益保障,营造公平公正、积极向上的校园环境。

从内容上看,学生管理强调"三全育人"。"三全育人"就是要将学生管理工作融入学校教育教学的全过程,实现全员育人、全程育人、全方位育人。这要求学校各部门通力合作,形成齐抓共管的工作合力;教师要发挥教书育人的关键作用,在传授知识的同时关注学生健康成长;学生骨干要充分发挥朋辈引领作用,营造良好的班风学风。此外,高校学生管理工作者还要主动对接社会资源,充分发挥家庭、社区、企业等方面的育人功能。

(二)管理职能的多样性

从管理目标来看,高校学生管理已从单纯维护校园秩序、约束学生行为,发展到促进学生全面发展、提升学生综合素质的更高层次。这要求学生管理工作必须包含教育引导、心理疏导、生活服务、就业指导等,以形成全方位、多层次的立体化管理格局。构建多元化的管理职能体系,能够真正实现以学生为本的管理理念,满足学生成长成才的多样化需求。

从管理方式来看,高校学生管理正在经历从被动管控向主动服务的转变。传统的学生管理往往以制订规章制度、强化纪律约束为主,忽视了学生的主体地位和个性化需求。现代学生管理则更加注重尊重学生、关爱学生、服务学生,通过深入了解学生所思所想,提供个性化、精准化的管理服务。这种服务型管理不仅能够增进师生感情、构建和谐关系,也能激发学生自我教育、自我管理的内生动力,实现由"他律"到"自律"的转变。

二、高校学生管理的特点

(一)特定群体性

从生理发展来看,高校阶段的学生已进入了身体成熟期。他们的体格发育已基本定型,身体机能趋于完善。但是,由于学习、生活方式的改变,加之缺乏健康的生活习惯,不少学生出现了亚健康状态,如视力下降、体质下降等问题。这要求高校学生管理工作要加强对学生健康的关注,通过体育锻炼、健康教育等方式,帮助学生养成良好的生活习惯,提高身体素质。

从心理发展来看,高校阶段的学生正处于自我意识觉醒和人格塑造的关键期。他们渴望独立,追求自我,对外部世界充满好奇。同时,他们容易受到外界影响而产生情绪波动。这需要高校学生管理工作者关注学生的心理健康,通过心理辅导、情绪疏导等方式,帮助学生正确认识自我,学会情绪管理,塑造健全的人格。

从认知发展来看,高校阶段的学生的思维能力已达到了较高水平。他们能够运用抽象逻辑进行推理论证,对事物进行多角度、全方位的思考。但是,他们的认知经验相对缺乏,判断力和辨别力还有待提升。这需要高校学生管理工作者注重引导学生开展深度思考,通过学术讨论、社会实践等方式,拓宽学生的认知视野,提升其分析问题、解决问题的能力。

从社会性发展来看,高校阶段的学生正处于社会角色转变的适应期。他们即将从相对单纯的学生角色转变为未来的社会成员,因此需要学习如何处理复杂的人际关系,以及如何适应社会环境。这需要高校学生管理工作者重视学生的社会化进程,通过组织社团活动、志愿服务等,为学生提供提升社交能力、奉献社会的平台。

(二)动态性与可塑性

高校学生管理的动态性与可塑性体现在其始终围绕学生成长发展的需求而不断调整和优化。高校阶段是学生世界观、人生观、价值观形成的关键时期,他们的身心发展呈现出多样化、个性化的特点。这要求高校学生管理工作者必须立足学生实际,尊重其个体差异,采取灵活多变的方式方法,为其健康成长提供适宜的引导和帮助。

在学生管理工作中,高校学生管理工作者应根据不同年级、不同专业学生的特点,有针对性地设计管理内容和形式。对于新生,要着重进行入学教育和适应性指导,帮助其尽快适应高校生活;对于高年级学生,要加强就业创业教育和职业生涯规划指导,为其顺利走上工作岗位做好准备。高校学生管理工作者还应关注学生的个性发展需求,为其提供个性化、差异化的服务。例如,对于学习困难的学生,可以开展学业辅导和心理疏导;对于特长突出的学生,可以搭建施展才华的平台。通过因材施教、分类指导,最大限度地满足学生多元化的成长需求。

三、高校学生管理的作用

(一)促进学生全面发展

高校学生管理工作的核心目标是促进学生的全面发展,这不仅体现在学生对专业知识和技能的掌握上,也体现在学生综合素质的提升上。高校学生管理工作者应以培养学生高尚的道德情操、健全的人格、正确的价值观为己任,引导学生树立远大理想,增强社会责任感和使命感;通过开展丰富多彩的校园文化活动,创设良好的育人环境,激发学生的创新意识和创造潜力,帮助学生挖掘自身特长,实现个性化发展。

在学生管理工作中要重视学生身心健康,关注学生的情感需求和心理状态。高校学生管理工作者应以理解和包容的态度对待学生,尊重学生的个体差异,满足学生多样化的成长需求。应开设心理健康教育课程,建立完善的心理咨询机制,培养学生积极乐观的生活态度和良好的心理素质。在学生管理工作中,还要加强对学生生活习惯和行为规范的引导,帮助学生培养自律、自强的品格,提升其自我管理和自我服务能力。

(二)维护教学秩序

维护良好的教学秩序既是高校学生管理工作的重要内容,也是创建有利于学生学习和发展的教育环境的关键。高校必须高度重视教学秩序的维护,为学生提供安全、有序、充满活力的学习环境。这不仅关系到教学质量和人才培养目标的实现,也关乎学生身心健康发展和综合素质的提升。

教学秩序的维护需要从多方面入手。首先,要加强制度建设,完善教学管理规章制度,明确教学过程中师生的权利和义务,规范教学行为。同时,要建立健全的教学督导和教学评估机制,及时发现和解决教学中存在的问题,确保教学工作有序开展。其次,要强化教风学风建设,引导教师树立"教书育人"的理念,以身作则,言传身教,为人师表。要引导学生端正学习态度,遵守课堂纪律,养成良好的学习习惯。再次,要创新教学方法,采用启发式、讨论式、参与式等教学模式,调动学生学习的主动性和积极性,营造良好的课堂氛围。最后,要加强与学生的沟通交流,及时了解学生的学习状况和思想动态,及时解决出现的问题。

(三) 激发学生潜能

高校学生管理工作者应以激发学生潜能为出发点,努力营造一个能够识别并培养学生多样性能力的教育生态环境。学生是高校教育的主体,每个学生都具有独特的个性特征和发展潜能。高校学生管理工作者应从学生的实际需求出发,尊重其个体差异,挖掘其内在潜力。

这要求高校学生管理工作者具备敏锐的洞察力和专业的识别能力,能够透过学生的外在表现看到其内在特质和发展的可能。高校学生管理工作者还需要掌握科学的教育方法和策略,针对不同学生的特点采取个性化的培养措施,助力其成长。例如,对于学习能力突出的学生,可以为其提供更具有挑战性的学习任务和发展机会;对于具有特殊才能的学生,可以搭建相应的平台,让其才能得以施展;对于在某些方面存在困难和问题的学生,可以给予更多的关注和帮助。

四、高校学生管理的重要性与必要性

(一) 构建良好教育生态

构建良好的教育生态是高校学生管理工作的根本目的。教育生态是指学校教育环境中各要素之间的相互关系和作用机制。它不仅包括硬件设施、管理制度等外部环境,也涵盖了师生关系、校园文化等内部环境。良好的教育生态能够为学生的健康成长提供有利条件,使其在知识、能力、品格等方面获得全面发展。而学生管理作为连接学校教育各环节的纽带,在营造育人环境、提升教育质量中发挥着关键作用。

从培养目标来看,高校学生管理应致力于促进学生全面发展。这要求高校学生管理工作者立足学生成长需求,尊重其个体差异,因材施教,激发其内在潜能。高校学生管理工作者还应关注学生身心健康,加强心理疏导和行为引导,帮助其塑造健全人格。

从工作内容来看,高校学生管理应注重教育生态的系统构建。一方面,高校学生管理工作者要优化育人环境,完善基础设施,创新管理机制,为学生提供安全、便利、高效的条件。另一方面,管理工作应深入课堂教学、社团活动、校园文化等方面,与高校教育的各个环节深度融合,形成全员育人、全过程育人、全方位育人的工作格局。

从工作方式来看,在高校学生管理中应坚持以学生为本的理念。这要求高校学生管理工作者应转变传统的管控思维,树立服务意识,尊重学生主体地位,关注其真实诉求;在制订管理政策时,应充分听取学生意见,鼓励其参与学校管理,提高其获得感和归属感;应加强人文关怀,努力营造平等、温馨、包容的师生关系,让学生感受到来自高校的温暖与力量。

(二)加强法治教育

加强法治教育是高校学生管理工作中的重要内容,它对于促进学生全面发展,维护校园稳定,构建和谐校园环境具有重要意义。在当前社会转型和高等教育不断深化的背景下,高校学生的价值观念、行为方式日趋多元化,其法治意识相对淡薄。这不仅影响了学生个人的健康成长,也给高校的管理工作带来了新的挑战。加强学生法治教育,增强其法律意识和守法自觉,已成为高校学生管理工作的重中之重。

法治教育要坚持育人为本,注重学生全面发展。它不仅要帮助学生掌握必要的法律知识,更要引导其树立正确的法治观念,培养其遵纪守法的良好习惯。这要求高校在开展法治教育时,要坚持以人为本,尊重学生的主体地位,关注其成长需求。通过生动活泼、喜闻乐见的教育形式,帮助学生认识法律制度的重要性,理解遵守校纪校规的必要性,自觉抵制违法犯罪行为的诱惑。在进行法治教育时,还应注重学生综合素质的提升,培养其理性思考、独立判断的能力,使其能够在复杂多变的社会环境中做出正确的价值选择和行为决策。

在法治教育中,要突出针对性,并且紧密联系学生实际。高校学生处于人生观、价值观形成的关键时期,思想活跃,但社会阅历不足,容易受到错误思想的影响。这要求高校在开展法治教育时,要紧密联系学生的思想实际,有的放矢地开展教育引导工作。其一,要深入了解学生的所思所想,及时发现其中存在的法治认识误区,有针对性地予以澄清和纠正。其二,要密切关注社会热点问题,引导学生运用法治思维分析现实矛盾,增强其运用法律武器维护自身权益的意识和能力。其三,要加强校园法治文化建设,营造浓厚的法治氛围,使学生在耳濡目染中增强法治意识,养成遵纪守法的习惯。

(三)实现学生自我管理

在现代高校教育中,培养学生的自我管理能力已成为一项重要议题。教育工作者只有让学生学会自我管理,才能真正帮助学生获得适应终身发展的关键能力。而要实现这个目标,高校学生管理工作者必须尊重学生的主体地位,创新管理理念和方式,着力营造有利于学生自主成长的育人环境。

培养学生的自我管理能力,需要树立以人为本的学生管理理念。传统的学生管理工作往往以管控为主,强调对学生行为的约束和规范,忽视了学生主体性的发挥。这种管理模式不仅难以调动学生的积极性,也无法使其真正内化规则意识,形成自律能力。高校学生管理工作者必须转变观念,尊重学生的主体地位,充分发挥其自主性、能动性。通过构建平等、民主、协作的师生关系,鼓励学生参与管理、自主决策,引导其在实践中逐步学会自我管理,锻炼自律意识和责任担当。

培养学生自我管理能力,还需要完善相应的教育教学体系。在专业课教学中,教师应注重引导学生学会学习,掌握科学的学习方法,提升自主学习能力。教师可以采取启发式、探究式等教学方式,鼓励学生自主设计学习计划,开展针对性的学习实践,引导学生进行反思。教师还应重视学生元认知能力的培养,引导其客观认识自我,科学评估自身学习情况,提升自我监控和调节能力。而在课外活动中,教师可以为学生搭建自主管理的平台,鼓励其积极参与社团、学生会等组织,在实践中锻炼组织管理、沟通协调等能力,增强自我管理的意识和信心。

第二节 高校学生管理的基本理论

一、学生发展理论

(一)学生心理发展的阶段及特征

学生心理发展的不同阶段有其独特的特点和规律。高校学生处于青年期向成人期过渡的关键时期,其心理发展呈现出显著的阶段性特征。在这个时期,学生的自我意识日益增强,开始形成相对稳定的价值观念和人生目标。他们渴望独立自主,希望得到他人的尊重和认可。高校学生的情绪体验也趋于丰富多彩,情感需求更加强烈。他们对人际关系的建立和维护表现出浓厚的兴趣,并且渴望与他人建立真挚的友谊。

然而,在面对学业压力、就业竞争、情感挫折等复杂问题时,学生可能会产生焦虑、迷茫等不良情绪。这些心理问题如果得不到及时疏导和干预,可能会影响学生的身心健康和个人成长。高校学生管理工作者必须深入了解学生心理发展的阶段性特点,采取有针对性的教育引导和心理辅导措施。

高校学生管理工作者应尊重学生的独立人格,给予其适度的自主空间,鼓励其积极探索、勇于创新。同时,高校学生管理工作者还应该关注学生的情感需求,营造良好的人际交往环境,引导学生学会换位思考。针对学生可能出现的心理问题,高校学生管理工作者要提高警惕,采取有效干预措施。必要时可以借助专业的心理咨询,帮助学生疏导不良情绪,化解心理矛盾。

(二)学生身心成长的规律与管理策略

处于身心发展的关键时期,学生个体无论是在生理、心理还是在社会适应方面都面临巨大的转变和挑战。高校学生管理工作者应深入了解学生的身心发展规律,并以此为依据制定科学、有效的管理策略,这对于促进学生的全面发展和健康成长具有重要意义。

高校学生的生理发展虽已趋于成熟,但仍处于生长发育的后期阶段。这个时期,学生的身体机能、体格特征不断完善,生理功能逐渐达到巅峰状态。然而,由于生活方式的改变、学习压力的增大,加之饮食、作息的不规律,许多学生面临着亚健康、肥胖等生理健康问题。针对这些问题,高校学生管理工作者应加强健康教育,引导学生养成良好的生活习惯,提供必要的体育锻炼条件,定期开展体质健康测试,及时发现和干预学生的健康隐患。高校学生管理工作者还应完善医疗保障体系,为学生提供及时、便捷的医疗服务,确保其身体健康。

从心理发展来看,高校学生正处于自我同一性形成的关键期。而同一性的形成是青少年时期的核心发展任务。进入高校后,学生需要在学业、人际、职业等方面做出诸多选择和决定,这对其自我认知、自我定位提出了更高的要求。如果学生无法很好地完成同一性的确立,就可能陷入角色混淆的困境,出现自我怀疑、价值观迷失等问题。高校学生管理工作者应注重学生心理健康教育,开设心理健康课程,普及心理学知识,帮助学生正确认识自我,树立积极的自我意识。高校学生管理工作者还应完善心理健康服务体系,为学生提供个体或团体心理辅导,及时疏导其负面情绪,提升其心理调适能力。

(三)学生个性发展与潜能挖掘

学生个性发展与潜能挖掘是高校学生管理工作的重要内容,它强调尊重学生的个性差异,发掘每个学生的独特潜质,为其提供适宜的教育和引导。在传统的管理模式下,学生往往被视为被动的管理对象,其个性特征和发展需求常常被忽视。然而,随着时代的发展和教育理念的更新,越来越多的教育工作者意识到,只有充分尊重学生的主体地位,关注其个性化发展,才能真正实现因材施教,促进学生的全面成长。

从学生发展的角度来看,每个学生都是独特的个体,具有不同的兴趣爱好、认知方式、情感特点和价值取向。这种个体差异性决定了学生在学习和成长过程中的独特需求。如果高校学生管理工作者忽视这些差异,用一刀切的方式对待所有学生,就难以真正激发学生的内在动力,也不能促进其个性化发展。如果高校学生管理工作者能够深入了解每个学生的特点,并且根据其兴趣和优势提供个性化的指导和支持,就能够帮助学生找到适合自己的发展道路。

从潜能开发的角度来看,每个学生身上都蕴藏着巨大的潜力。这种潜力可能表现在学习能力、创新思维、领导才能、艺术修养等方面。然而,由于种种原因,许多学生的潜力没有得到充分发掘和培养。他们可能对自己的优势领域还没有清晰的认识,也缺乏展示自我的平台和机会。这需要高校学生管理工作者主动为学生搭建舞台,提供多样化的实践机会,鼓励学生积极尝试,在实践中发现自己的优势和潜力。高校学生管理工作者还要注重挖掘学生的隐性潜能,如创新精神、团队协作等,通过有针对性地培养,帮助学生在更广阔的领域实现自我价值。

在实际的管理实践中,关注学生个性发展和潜能挖掘需要建立一套科学、灵活的工作机制。首先,高校学生管理工作者要深入学生群体,通过观察、谈心、问卷等方式全面了解学生的个性特点和发展需求。在此基础上,高校学生管理工作者要针对不同学生的特点,提供个性化的教育和引导。其次,高校学生管理工作者要为学生搭建多样化的发展平台,如学科竞赛、社团活动、创新创业项目等,鼓励学生积极参与,在实践中发掘和培养自己的潜能。最后,高校学生管理工作者要注重学生潜能的深度挖掘,这意味着他们不仅要关注显性的学生学习能力和专业技能培养,也要重视学生在创新精神、批判性思维、社会责任感等方面的培养。通过有目标、有计划地培养,可以促进学生核心素养的形成和提升。

二、教育学理论

(一)教育目标与学生管理的关联

教育目标是指学生通过一定时期的学习应达到的在知识、能力、品质等方面的要求和标准。它既是学校教育教学活动的出发点,也是教育质量评价的重要依据。作为高校教育的重要组成部分,学生管理的根本任务就是要服务于高校的人才培养目标,促进学生全面发展。明确教育目标与学生管理的内在关联,对于提升学生管理的科学性和有效性具有重要意义。

从育人导向来看,在学生管理中应围绕立德树人根本任务,将社会主义核心价值观融入管理全过程,引导学生树立正确的世界观、人生观、价值观。这要求高校学生管理工作者必须牢牢把握教育目标,将思想政治教育贯穿始终,帮助学生坚定理想信念,培养爱国情怀,激发奋斗精神。高校学生管理工作者还应关注学生身心健康,加强心理健康教育和职业生涯规划指导,为学生的全面发展提供必要支持。

从能力培养来看,在学生管理中应紧密对接人才培养目标,突出学生的主体地位,为其成长成才搭建广阔的平台。一方面,高校学生管理工作者应营造良好的校园文化氛围,开展形式多样的第二课堂活动,为学生提供锻炼能力、展示才华的机会;另一方面,高校学生管理工作者应注重实践育人,即通过志愿服务、社会实践等方式,引导学生在服务社会的过程中提升综合素质。

从过程管理来看,在学生管理中应遵循教育规律,围绕人才培养各环节提供精准服务。在教学与科研、实习与就业、创新创业等人才培养核心环节,高校学生管理工作者应提供有力保障。例如,加强学风建设,营造良好学习氛围;完善资助体系,保障学生基本的学习生活条件;健全创新创业扶持政策,激发学生创新创业活力。

(二)教育平等与个别化管理

教育平等与学生个别化管理是高校学生管理工作中一对看似矛盾但实则统一的理念。

教育平等强调教育资源和机会的均等化,旨在消除学生在教育过程中因自身禀赋、家庭背景等因素造成的不公平待遇。它要求高校为每个学生提供尽可能均等的教育条件,使其都能得到充分的发展。然而,学生是有个体差异的独特个体,他们在兴趣爱好、学习基础、认知方式等方面存在显著差异。在落实教育平等理念的同时,高校学生管理工作者还必须关注学生的个性特点,提供个性化的指导和服务,促进学生的发展。

学生个别化管理策略是教育平等在高校学生管理中的具体体现。它以尊重学生个体差异为出发点,通过实施差异化的管理措施,最大限度地满足不同学生的成长需求。在学习指导方面,教师应根据学生的学习风格和认知特点,采取灵活多样的教学方法,因材施教。对于学习有困难的学生,教师要给予更多关注和帮助,补齐其知识技能的短板;对于学习优异的学生,教师要给予更多的学习资源和发展空间,激发其内在潜能。在心理健康指导方面,高校要开设心理健康教育课程,普及心理健康知识;建立完善的心理咨询服务体系,及时为有需要的学生提供专业帮助。对于性格内向、人际交往困难的学生,高校可以开展团体辅导活动,提升其社交能力;对于心理问题突出的学生,学校要进行个案干预,消除其心理障碍。在学生事务管理方面,高校要建立健全的学生组织,为学生参与学校管理、开展自主活动提供平台。学生组织应覆盖学生的多元兴趣和需求,如学术科技类、文化艺术类、社会实践类等,使每个学生都能找到适合自己的舞台。同时,高校要完善学生评优评先制度,建立多元的评价指标体系。在评选先进个人和集体时,既要考虑学生的学业成绩,也要重视其综合素质和特长才能。

三、组织行为学理论

(一)集体行为规范与学生管理

学生在集体生活中的行为表现直接影响其个人发展和群体活动的开展。高校学生管理工作者必须高度重视集体行为规范的建设,引导学生形成积极向上、团结协作的集体意识。

集体行为规范是维系学生群体稳定、促进学生全面发展的重要保障。在集体生活中,每个学生的言行都会对他人产生影响,进而影响整个群体的氛围和秩序。如果学生个体缺乏自律意识,肆意妄为,就可能破坏集体和谐,干扰他人学习生活。如果学生能够遵循集体规范,互帮互助,就能营造积极向上的校园文化,促进个人成长和集体进步。

集体行为规范的养成需要高校学生管理工作者循循善诱,学生主动将其内化。一方面,高校学生管理工作者要以身作则,用自己的模范行为影响和带动学生,让学生真切感受到集体规范的重要性。高校学生管理工作者还要深入学生群体,及时发现和解决学生在集体生活中遇到的困惑和问题,耐心开导,化解矛盾。另一方面,学生作为集体生活的主体,更应积极参与集体规范的制定和维护。通过民主讨论,学生可以对集体规范形成共识,并使其成为自觉遵循的行为准则。在集体活动中,学生要以实际行动维护集体规范,带动更多同学投身到集体建设中来。

集体行为规范绝非僵化教条,而应随着时代发展和学生特点的变化而不断完善。高校学生管理工作者要与时俱进,深入了解学生的思想动态和行为特点,因材施教,因势利导;要鼓励学生在遵循集体规范的同时,保持个性特色,发挥创新精神。此外,集体行为规范的养成需要长期坚持、潜移默化地熏陶。高校学生管理工作者要有耐心和恒心,在日常管理中落实行为规范教育,在集体活动中强化规范意识,使之内化为学生的自觉行动。

(二)归属感与集体荣誉感建设

组织文化是学生管理工作的重要内容,对于培养学生的归属感和集体荣誉感具有深远影响。作为学生成长的重要环境,学校组织文化的建设直接关系到学生身心发展和价值观塑造。高校学生管理工作者应高度重视组织文化建设,将其作为学生管理的重要途径,积极营造有利于学生健康成长的校园文化氛围。

首先,培养学生的归属感需要加强组织认同教育。高校学生管理工作者应通过各种途径,如主题班会、专题讲座、参观校史馆等,帮助学生深入了解学校的历史传统、办学理念、发展愿景,激发其对高校的认同感和自豪感。高校学生管理工作者还应注重发掘和宣传优秀校友事迹,增强学生对高校的向心力和凝聚力。通过持续、系统地组织认同教育,学生能够形成对高校的情感依附,进而产生强烈的归属感。

其次,营造积极向上的校园文化氛围是培养学生归属感的重要途径。高校学生管理工作者应大力弘扬优秀校园文化,如勤奋学习、刻苦钻研的学风,团结协作、互帮互助的班风,追求卓越、敢于创新的校风。通过创建特色文化品牌,开展形式多样的校园文化活动,高校学生管理工作者能够为学生营造积极向上、充满正能量的成长环境。在潜移默化中,学生能够感受到高校浓厚的文化氛围,增强对高校的认同感和归属感。

再次,高校学生管理工作者应重视学生主体地位,鼓励其积极参与校园文化建设。一方面,高校学生管理工作者可以搭建平台,为学生提供展示才华、施展抱负的机会,如学生社团、学生会、校园媒体等。通过参与和实践,学生能够感受到自己是学校的一分子,进而增强组织归属感。另一方面,高校学生管理工作者应建立健全的学生参与管理机制,鼓励学生参与学校重大事务的讨论和决策。通过民主管理、平等对话,高校学生管理工作者能够倾听学生心声,关注学生诉求,使学生真正成为学校建设的主人翁。当学生意识到自己在高校中的主体地位时,其归属感也会增强。

最后,加强制度文化建设有利于增强学生的集体荣誉感。高校学生管理工作者应树立科学的管理理念,完善各项规章制度,建立公平公正的奖惩机制。通过制度化管理,高校学生管理工作者能够为学生营造良好的学习生活环境,保障学生的合法权益,树立高校的良好形象。高校学生管理工作者还应重视典型示范引领,大力表彰优秀集体和个人,激励更多学生奋发向上、争创佳绩。

四、管理学理论

(一)管理学原则在学生管理中的应用

管理学原则在高校学生管理中的应用为实现科学化、规范化、人本化的管理提供了理论指导和实践途径。

1. 计划职能

从计划职能的视角来看,明确管理目标是高校学生管理工作的首要任务。高校学生管理工作者应根据高校的办学理念和人才培养目标,结合学生成长发展规律,制订切实可行的管理目标和工作计划。这些目标既要突出育人导向,注重学生全面发展,又要具有针对性和可操作性,以便为学生管理工作提供明确方向。在计划的制订过程中,还应充分考虑学生的主体地位,尊重他们的意愿和诉求,使管理目标更具有凝聚力和感召力。

2. 组织职能

组织职能是高校学生管理工作者必须重视的管理原则。为了提高管理效率,实现管理目标,高校学生管理工作者应根据工作需要,合理设置管理机构,优化部门职责,理顺管理流程。一方面,要建立分工明确、权责一致的管理体系,做到各司其职、协调配合;另一方面,要营造民主、平等、互信的组织氛围,鼓励学生参与管理,发挥自我教育、自我管理、自我服务的作用。

3. 领导职能

领导职能在高校学生管理中同样不可或缺。作为学生成长的引路人,高校学生管理工作者要引导学生树立正确的世界观、人生观、价值观。这要求高校学生管理工作者以身作则,率先垂范,用自己的模范行为影响和感召学生。还要关心学生的思想动态,与他们平等交流,悉心倾听他们的心声,解决他们在成长中遇到的问题。在此基础上,高校学生管理工作者应根据学生的个性特点和发展需要,提供针对性的指导和帮助,最大限度地激发他们的潜能,引导他们健康成长。

4. 控制职能

控制职能是确保实现管理目标、提高管理水平的关键。在学生管理工作中,应建立科学的评价体系,客观评估管理绩效。一方面,要制订合理的考核指标,全面衡量学生在思想品德、学习成绩、身心健康等方面的表现;另一方面,要创新评价方式,综合运用平时考核、同伴评价、自我总结等多元评估手段,动态掌握学生的成长状况。在考评过程中,还应注重过程管理和反馈改进,针对存在的问题及时调整管理策略,不断提升管理水平。

5. 协调职能

协调职能贯穿于高校学生管理工作的全过程。学生管理涉及教育教学、后勤保障、心理咨询等诸多领域,高校学生管理工作者应着力加强组织协调,建立健全的部门联动机制,促进资源共享、优势互补。还应注重内外协同,积极争取家庭、社会等方面的支持,形成教育合力,营造良好的育人环境。

(二)管理流程优化的策略

学生管理工作涉及思想政治教育、学业指导、心理健康辅导、就业创业服务等诸多方面,且具有任务繁重、对象多元、要求多变等特点。面对新时代学生群体的新特点新需求,传统的学生管理流程已难以发挥作用。深入分析学生管理工作中的难点,优化再造管理流程,已成为高校学生管理创新的重要切入点。

从内容层面看,学生管理流程优化需要聚焦育人要素,系统梳理管理环节。一方面,要以立德树人为根本,将思想引领、学业指导、心理疏导、就业帮扶等育人内容有机融入管理流程各环节。另一方面,要对招生、迎新、日常管理、学籍异动、就业指导等各环节进行全流程梳理,确定各环节的目标、内容、标准、责任主体,形成闭环管理。

从形式层面看,优化学生管理流程要利用信息化手段,提供个性化服务。一方面,要运用大数据技术汇聚学生在校期间各类数据,开展精准画像,洞察学生多样化、个性化需求,为其提供更加精准、高效的管理服务。另一方面,要运用移动互联、人工智能等现代信息技术,打造线上线下相结合的管理新模式,畅通师生互动渠道,提供 7×24 小时"不打烊"服务。这不仅能提高管理效率,也能增强学生的获得感、幸福感。

从评估层面看,优化学生管理流程需要建立科学的评价机制,形成持续改进动力。一方面,要设计科学的绩效评价指标体系,兼顾定量与定性、结果与过程,全面衡量管理流程优化成效。同时,要常态化收集师生反馈,动态调整优化方案。另一方面,要将管理流程优化与部门及个人考核相挂钩,将优化成效作为干部选拔任用、职称评定、评优评先的重要依据,以调动管理队伍参与流程再造的积极性主动性。

第三节　高校学生管理的基本原则

一、尊重学生主体性原则

(一)理解学生主体性在管理中的意义

学生是学习的主体,是思想的主体,更是成长的主体。他们不是被动接受管理的客体,而应成为教育过程中积极参与、主动发展的行动者。只有切实尊重学生的主体性,以平等和民主的方式开展管理工作,才能唤起学生的自我教育意识,调动他们的主观能动性,最大限度地发挥个体的特长和潜质。

尊重学生主体性,首先要树立以人为本、学生中心的教育管理理念。高校一切工作都要着眼于促进学生的全面发展和健康成长。其次,要创新管理模式,突出学生的主体参与。通过完善学生自我管理、自我服务、自我教育的工作机制,鼓励学生参与高校管理和决策,培养其民主意识和责任意识。最后,要构建平等互动、协同育人的师生关系。教师要摒弃传统的管理思维,真诚地与学生交流,充分听取并尊重他们的意见,并成为学生成长道路上的引路人和知心朋友。

事实上,尊重学生主体性不仅是学校管理现代化的应有之义,也是激发学生潜能、促进学生发展的关键。一方面,主体参与可以满足学生的成就感和归属感,激发他们对高校的认同感和责任感,进而提升其道德品质和社会责任意识。另一方面,在参与管理和自主实践中,学生的综合素质和实践能力能够得到锻炼和提升,这为他们的未来发展奠定良好的基础。

(二)落实学生主体性的具体做法

落实学生主体性原则可以从以下几个方面入手。

1. 要建立民主平等的师生关系

教师应平等地对待每一个学生,耐心倾听他们的心声,尊重他们的意愿和选择。同时,教师要给予学生适度的自主权,在学习、生活、社团活动等方面为他们提供更多选择的机会,培养他们独立思考、自主决策的能力。

2. 要完善学生参与管理的机制

高校可以通过学生代表大会、校务公开等方式,保障学生的知情权、参与权和表达权。在制定涉及学生切身利益的政策时,应广泛征求学生意见,听取他们的合理建议。同时,要拓宽学生参与管理的渠道,如成立学生会、社团联合会等学生组织,鼓励他们自我管理、自我服务、自我教育。

3. 要创新教育教学方法

传统的灌输式、说教式教学很难调动学生的积极性,甚至会引起他们的逆反心理。教师应改变教学理念,采用启发式、探究式、参与式等教学方法,激发学生的学习兴趣和主动性。同时,要重视学生的个性化需求,因材施教,为他们提供个性化、多元化的教育服务。

4. 要加强人文关怀和心理疏导

高校学生面临着学业、就业、情感等多重压力,容易困惑和迷茫。高校应配备专业的心理健康教育人员,开展心理健康教育和咨询服务,帮助学生解决心理问题。要营造关爱、支持的校园氛围,多组织一些有益身心的文体活动,缓解学生的压力,增强他们的归属感和幸福感。

二、服务育人原则

(一) 服务育人的理念内涵

服务育人是高校学生管理工作的重要原则,其核心理念在于以学生为中心,尊重学生主体地位,满足学生成长发展的需求。这个原则要求高校学生管理工作者应关注学生在德智体美劳等方面的全面发展,致力于提供优质服务,创造良好环境,激发学生的内在潜能。

在服务育人理念指引下,高校学生管理工作者应树立"以生为本"的工作导向。这意味着无论是制定管理制度、开展教育活动,还是提供生活保障,都要充分考虑学生的实际需求和接受程度。

服务育人原则还强调要尊重学生的主体性,充分发挥其自我教育、自我管理、自我服务的能动作用。这要求高校学生管理工作者应转变传统的管理思维,平等地对待每一个学生,鼓励其积极参与学校管理和自身事务。

(二)落实服务育人原则的具体措施

将服务育人原则转化为具体的管理实践,需要高校学生管理工作者在理念、制度和行动上形成合力,全面落实立德树人的根本任务。

在理念层面,高校学生管理工作者要树立以学生为本的服务意识,把促进学生全面发展作为一切工作的出发点和落脚点。这要求高校学生管理工作者将管理至上的传统观念转变为服务主导的新思维,努力营造有利于学生成长成才的良好环境。

制度建设是落实服务育人原则的重要保障。高校学生管理工作者以服务学生为导向,系统梳理各项管理制度,优化管理流程,提高服务效率。例如,在学生事务管理中,可以建立"一站式"服务大厅,实现学籍管理、资助服务、心理咨询等事项的集中办理,最大限度地方便学生;在后勤服务中,可以通过信息化手段,建立需求反馈和满意度评价机制,及时响应学生诉求,不断提升服务品质。

在具体行动中,高校学生管理工作者要身体力行,以服务学生为己任,解决学生关注的重点难点问题。例如,面对学生的心理困惑,高校学生管理工作者要主动靠前,通过谈心交流、专题讲座等方式,帮助学生疏导情绪、增强信心,引导其健康成长;针对学生的就业焦虑,高校学生管理工作者要整合校内外资源,搭建职业培训和实习实践平台,提升学生的就业能力和竞争力。

落实服务育人原则,还需要构建"三全育人"工作格局,以形成全员、全过程、全方位的育人合力。一方面,高校要加强对高校学生管理工作者的培训和考核,提高其服务意识和能力,使每一位高校学生管理工作者都能成为学生的引路人。另一方面,高校要健全专兼职相结合的管理队伍,充分发挥辅导员、班主任和学生骨干在学生日常管理中的作用。

三、预防为主原则

(一)预防为主原则的要求

从管理实践来看,坚持预防为主原则需要高校学生管理工作者树立风险意识,提升风险防控能力。这要求高校学生管理工作者善于全面分析影响学生健康成长的不利因素,准确预判可能出现的问题和风险点。还要建立健全预警机制和快速反应机制,及时发现和处置苗头性、倾向性问题,把隐患消除在萌芽状态。例如,高校可以通过定期开展学生心理健康筛查,及早发现心理问题并及时干预;通过加强学生诚信教育和法治教育,提高其自我约束和规则意识,预防违纪违法行为的发生。

预防为主原则的贯彻还需要建立全员育人、全程育人、全方位育人的工作格局。学生管理不能只依靠学生工作部门,而应发挥教职员工的整体合力,将管理与教育相结合,将显性教育与隐性教育相统一。教师在授课过程中,应适时渗透道德品质、行为规范方面的教育,引导学生形成正确的世界观、人生观、价值观;辅导员要充分利用主题班会、谈心谈话、网络平台等方式,加强与学生的沟通交流,及时疏导学生的情绪压力,化解心理矛盾;高校要积极构建"第二课堂",开展丰富多彩、有意义的课外活动,以良性的环境影响人、熏陶人。

(二)推行预防为主的策略

预防为主是高校学生管理工作的重要原则。高校学生正处于人生观、价值观形成的关键时期,他们的心理发展尚不成熟,容易受到各种不良因素的影响。如果管理工作只是被动地应对已经发生的问题,不仅难以从根本上解决问题,还可能错失最佳的教育时机。高校学生管理工作者必须树立预防为主的理念。

建立风险评估与早期预警机制是预防为主原则的重要体现。高校学生管理工作者应定期开展学生思想动态调研,深入分析可能引发学生心理问题、行为偏差的因素,特别是对网络舆情、社会热点可能产生的负面影响保持高度警惕。通过建立学生心理档案、行为记录等,密切关注学生的思想状况和行为表现,对一些苗头性、倾向性问题及时予以引导和纠正。同时,要完善信息沟通渠道,鼓励学生主动反映情况,解决他们在成长过程中遇到的问题。

加强教育引导是预防问题发生的治本之策。高校学生管理工作者要开展丰富多彩的教育活动,引导学生树立正确的人生观、价值观,提高自我教育、自我管理、自我服务的意识和能力。要充分发挥心理健康教育的作用,开设心理健康必修课,普及心理健康知识,使学生掌握情绪管理、压力应对等方法,提升他们的心理调适能力。对于一些重点群体,如家庭经济困难学生、学业困难学生等,要给予更多关怀和帮扶,增强其心理韧性,预防心理问题的产生。

完善规章制度是预防问题发生的重要保障。高校学生管理工作者要根据学生管理的实际需要,制定科学、合理的规章制度。制定这些制度时要广泛听取学生意见,体现以人为本、尊重学生主体地位的理念,使其真正成为学生自我约束、自我管理的行为准则。在制度执行过程中,要加强教育和疏导,引导学生在遵规守纪中不断提高自律意识和责任意识。

营造良好的校园文化环境可以从整体上预防问题的发生。一个积极向上、健康文明的校园文化能够潜移默化地影响学生的价值取向和行为方式。高校学生管理工作者要充分挖掘各学科蕴含的思想道德教育资源,将社会主义核心价值观融入教育教学全过程。要大力弘扬优秀校园文化传统,开展形式多样的校园文化活动,以高尚的情操、良好的校风校纪感染和塑造学生。要加强网络文化建设和管理,净化网络空间。

第二章 高校学生管理的方法

第一节 学生个体管理和群体管理相结合

一、学生个体特征分析与差异化管理策略

(一)识别学生个性化需求

要识别学生的个性化需求,首要任务是深入分析学生的不同背景与特点。每个学生都是独特的个体,他们来自不同的家庭、地区,拥有不同的生活经历、兴趣爱好和学习基础。这些因素交织在一起,塑造了学生的个性特质和学习需求。高校学生管理工作者必须秉持以生为本的理念,全面了解学生的成长背景,洞察其内在需求和发展潜力。

在分析学生背景特点时,高校学生管理工作者要注重收集第一手资料。通过与学生面对面交流、家访、问卷调查等方式,高校学生管理工作者可以直接了解学生的家庭状况、生活环境、学习状态等,从而对学生有一个立体、鲜活的认知。高校学生管理工作者还应关注学生在学习过程中表现出的兴趣爱好和特长优势。每个学生都有自己擅长和感兴趣的领域,如语言、数理、艺术、体育等。捕捉这些闪光点,挖掘学生的潜力,是实施个性化教育的关键。

除了关注学生的显性特征,高校学生管理工作者也要深入剖析学生内心世界的隐性需求。心理学研究表明,学生的学习动机、自我效能感、心理健康状况等因素对其学业发展有决定性影响。高校学生管理工作者要通过细致入微的观察和谈心,理解学生的情感需求、认知风格、人格特点等,从而因材施教,激发学生的内在潜能。

(二)制定差异化管理策略

每个学生都是独特的个体,在性格、兴趣、能力等方面存在显著差异。在制订学生管理策略时,高校学生管理工作者必须充分考虑这些个体差异,并且针对不同学生的特点采取有针对性的引导方式,真正发挥教育的育人功能。

要做到因材施教,首要任务是深入了解每个学生的个性特点。这需要高校学生管理工作者投入大量时间和精力,通过日常观察、谈心交流等方式,全面收集学生在认知风格、情感态度、行为习惯等方面的信息。只有建立完整、立体的学生画像,才能准确把握其内在需求,预判可能出现的问题,从而有的放矢地开展教育教学工作。

在此基础上,高校学生管理工作者要根据学生的个性特点,制订差异化的管理策略。对于学习动机强、自控力强的学生,可以给予更多自主权,鼓励其探索创新;对于学习动机较弱、自控力欠缺的学生,需要加强引导和管理,帮助其树立正确的人生目标,培养良好的学习习惯。在具体的教学实践中,高校学生管理工作者还应根据学生的认知特点,灵活运用不同的教学方法,如讨论式教学、探究式学习等,最大限度地调动学生的主动性和创造性。

(三)学生个体差异对管理的影响

每个学生都是独特的个体,在认知能力、情感特质、行为习惯等方面存在显著差异。这些差异源于学生成长背景、家庭环境、学习经历的不同,并且反映了他们多元化的需求和潜力。忽视学生个体差异,采用"一刀切"的管理方式,不仅难以达到预期效果,还可能损害学生的积极性和创造力。

高校学生管理工作者必须深入分析学生个体特征,探寻差异形成的根源,进而有针对性地制订管理策略。通过问卷调查、访谈等方式,高校学生管理工作者可以全面了解学生在学习风格、兴趣爱好、人格特点等方面的差异。在此基础上,高校学生管理工作者要根据学生的个性特点设计个性化的培养方案。对于学习能力较强的学生,可以给予更多自主学习的空间和机会,鼓励其参与科研项目、学术竞赛等拓展性活动;对于学习基础较弱的学生,需要提供更多的学业辅导和情感支持,帮助其树立学习信心,掌握高效的学习方法。

高校学生管理工作者还要注重个性发展和全面发展的统一。一方面,高校学生管理工作者要尊重学生的个性特点,为其提供多元化的发展途径,最大限度地发掘每个学生的潜力;另一方面,高校学生管理工作者要引导学生全面发展,避免过度强调某一方面而忽视其他方面。通过开设丰富多彩的第二课堂活动,鼓励学生积极参与社会实践、志愿服务等,高校学生管理工作者可以帮助学生拓宽视野、增强社会责任感,实现知识、能力、品格的全面提升。

此外,还应将因材施教的理念贯穿到学生管理的各个环节。在日常管理中,高校学生管理工作者要充分发挥"朋辈效应",为学生营造良好的生活、学习氛围。优秀学生的示范引领能够激励后进生奋发向上;后进生的进步又能鼓舞优秀学生再接再厉。在此过程中,学生之间的差异逐渐缩小,整体素质不断提高。而在专业教育中,授课教师也要根据学生的接受能力,合理设置教学内容和进度,最大限度地满足不同层次学生的需求。

二、群体心理与行为模式研究

(一)群体结构和动力学基础

群体结构是指群体内部各个体之间以及个体与群体整体之间相互联系的方式,它决定了群体的层级划分、权力分配和信息流动。一个群体的结构可以是松散的,即成员之间联系较少,各自为政;也可以是紧密的,即成员之间频繁互动,形成稳定的纽带。群体结构的合理性直接关系到群体效能的发挥,关系到群体目标的实现程度。

从系统论的视角来看,群体是一个开放的、动态的复杂系统。群体中的个体不是孤立存在的,而是通过复杂的互动关系联结在一起。个体行为的微小变化都可能引起连锁反应,进而影响整个群体的运作。群体动力学正是研究群体中这些错综复杂的互动模式,探索个体行为与群体整体之间的相互作用机制。在群体动力学的分析框架下,可以更加深入地理解群体凝聚力的形成、群体规范的建立、群体决策的达成等。

群体凝聚力是维系群体稳定的内在力量,它反映了群体成员对群体的认同程度和归属感。凝聚力强的群体成员之间往往具有共同的价值观念和利益诉求,愿意为群体目标而努力奋斗。这种团结一致的精神状态是群体战斗力的重要体现。因此,增强群体凝聚力,营造和谐共生的群体氛围,是高校学生管理工作的重要内容。

群体规范是调节群体成员行为的行为准则和价值标准。它可以是明文规定的制度条例,也可以是潜移默化的道德伦理。群体规范的建立有助于协调成员之间的利益冲突,规避个体失范行为,维护群体的健康发展。合理的群体规范还能激励个体遵循群体价值追求,凝聚群体正能量,推动群体不断进步。在学生管理实践中,班规、校规等就是重要的群体规范形式,并且对学生行为具有强大的约束力和引导力。

(二)影响学生个体行为的重要因素

从社会心理学角度来看,群体规范是影响个体行为的重要因素。在群体中,每个成员都会感受到来自其他成员的期望和压力。为了获得认同和归属感,个体往往会自觉或不自觉地遵循群体规范,调整自己的行为以适应集体要求。在学生群体中,这种从众心理尤为明显。当大多数学生都认同某种价值观念或行为方式时,个别学生即使有不同想法,也会在群体压力下选择妥协,以避免"异类"的标签。

群体态度是影响学生行为的关键因素。在群体互动中,学生会交流彼此的想法,相互影响,形成一种集体态度。这种集体态度一旦形成,就会对学生个体产生潜移默化的影响,使其在不知不觉中接受群体的价值判断和行为取向。例如,如果学生群体普遍认为学习刻苦是"书呆子"的表现,个别学生即使有学习的意愿,也可能会在群体态度的影响下放弃努力;如果学习努力在群体中备受推崇,学生个体也会更加积极地投入学习中去。

群体领袖也是影响学生行为的重要因素。在每个学生群体中,都会自然形成一些具有号召力和影响力的领袖人物。这些领袖学生往往具有鲜明的个性特征和出众的能力,能够吸引其他学生的追捧和仿效。他们的一言一行都可能成为其他学生效仿的对象。如果群体领袖能够树立积极向上的价值观念,以身作则地投入学习和生活,就能带动更多学生走上健康成长的道路。

(三)群体行为调研与分析的方法

群体行为调研与分析是深入理解群体心理与行为模式的关键途径。从社会心理学的视角来看,群体行为不同于个体行为,它具有独特的特点和规律。群体中的个体往往会受到群体规范、群体压力等因素的影响,产生从众、极化等现象。单纯关注个体特征难以全面把握群体行为的内在机理,只有采用科学的方法对群体行为进行系统调研和分析,才能揭示群体心理与行为模式的一般规律。

观察法是研究群体行为的重要工具。通过参与或非参与的方式对群体进行观察,研究者可以直接获取群体互动的第一手资料。观察的内容可以包括群体成员的言语、表情、动作等外显行为,也可以涉及群体氛围、群体结构等隐性因素。观察法的优势在于能够真实地记录群体行为发生的过程,捕捉群体动态变化的细节。但观察法也存在主观性强、难以控制等局限。因此,需要将观察结果与其他研究方法相印证,以提高研究的信度和效度。

问卷调查是另一种常用的群体行为研究方法。研究者通过设计结构化或半结构化的问卷,采集群体成员的自我报告数据,了解其态度、信念、行为倾向等。问卷法具有较强的系统性和可操作性,能够在较短时间内获取大量群体样本的数据。但问卷法也存在效度威胁,如社会赞许性等。为了提高问卷数据的质量,研究者需要进行严谨的信效度检验,并辅以其他研究方法进行佐证。

访谈法可以更加深入地探究群体行为的心理机制。通过与群体成员进行面对面的交流,研究者可以获取更加丰富、细腻的心理体验信息。访谈既可以采用结构化的提纲,也可以采用非结构化的形式。分析访谈资料需要采用质性研究范式,注重语义脉络和隐含意义的挖掘。

三、群体活动组织与学生个体发展

(一)群体活动推动个体在群体中成长

群体活动在推动个体成长方面具有独特而重要的激励机制。参与群体活动能够满足个体的归属需要,因为在集体氛围中的个体更容易获得安全感和认同感。当个人付出努力为团队作出贡献时,来自群体其他成员的肯定和赞赏能够增强个体的自信心和自我效能感。群体目标的达成也能带给个人极大的成就感,激发其不断进取、挑战自我的动力。

群体活动能够为个体提供展示自我、发挥特长的平台。在团队合作过程中,每个人都有机会施展自己的才能,体验优势互补、共同进步的快乐。当个人的独特价值得到群体的认可和欣赏时,其内在的自我实现需求就能够得到满足,进而倍增投身集体、奉献他人的动力。优秀的群体还能以其凝聚力和向心力,感染和带动每一个成员,形成你追我赶、比学赶帮超的良性互动局面。

群体活动中蕴含的丰富情感体验也是推动个体成长的重要因素。与他人并肩奋斗、共同进退等宝贵的情感记忆会被转化为人生的精神底蕴,滋养个体心灵,培养高尚品格。群体活动营造的强烈仪式感也让个体获得心灵的震撼和情感的升华。例如,庄严的入队仪式、隆重的表彰大会等能在潜移默化中塑造个体的价值观念,引领其向积极的方向发展。

(二)群体活动的设计原则与要点

群体活动在高校学生管理中是促进学生全面发展的重要途径。设计和组织有效的群体活动需要遵循一定的原则和要点,这样才能真正实现育人目标。

其一,设计群体活动时应以学生为中心,充分考虑其兴趣爱好、年龄特点和认知水平。只有设计出符合学生需求、激发学生兴趣的活动,才能调动其参与的主动性和积极性。同时,活动内容要具有挑战性和吸引力,既要让学生在参与过程中获得成就感,又要引导其不断超越自我、挑战极限。

其二,设计群体活动时要具有明确的教育目标和育人导向。每一项活动都应服务于学生综合素质的提升,体现德智体美劳全面发展的要求。例如,志愿服务类活动可以培养学生的奉献精神和社会责任感;文化艺术类活动有助于学生审美情趣和人文素养的形成;体育竞赛活动能够锻炼学生的意志品质和团队协作能力。

其三,群体活动的组织实施要科学合理,形式多样。在时间安排上,要统筹兼顾学生的学习、生活和休息;在空间布置上,要为学生创设良好的活动环境;在过程管理上,要加强引导,确保活动有序开展。同时,要注重活动形式的创新,如灵活运用讲座、讨论、辩论、情景模拟、角色扮演等多种方式,增强活动的参与性和互动性。

其四,在群体活动中要加强师生互动,发挥教师的引领作用。教师不仅要参与活动的设计和组织,更要以身作则、言传身教,成为学生成长的引路人。在活动中,教师要善于倾听学生心声,及时给予鼓励和指导,帮助学生解决思想困惑和现实问题。通过平等、真诚的师生互动,营造民主、和谐的育人氛围。

其五,在群体活动中要注重过程考核和反馈评价。建立科学的考核评价体系,全面评估学生在活动中的表现和收获。将学生自评、互评与教师评价相结合,引导学生正确认识自我、明确发展目标。同时,把活动开展情况作为评优评先和综合测评的重要依据,强化育人实效。

四、学生个体与群体间的互动与影响

(一)个体对群体的作用与贡献

个体对群体的贡献主要体现在两个方面。一是个体素质的提升有助于群体整体水平的提高,二是个体在群体中的积极作用是群体发展的重要推动力。

领导者和积极分子作为学生群体中的关键个体,在推动群体进步、引领群体方向上发挥着不可替代的作用。一名优秀的领导者不仅在学习和生活方面表现突出,更具备出色的组织协调能力。领导者的思想境界、道德修养、行为风范能够在潜移默化中影响群体的价值取向。领导者还善于发现和培养积极分子,并与之密切配合,共同引领群体的健康发展。

积极分子是领导者得力的助手,是联系群体成员的纽带。这些性格开朗、乐于助人的学生通过自己的模范行动感染身边的人。他们主动承担集体任务,为营造积极向上的群体氛围贡献力量。积极分子在学习讨论、社团活动、志愿服务等方面表现活跃,用实际行动带动更多学生参与其中。正是一个个积极分子的共同努力,才使得群体充满蓬勃的生机与活力。

(二)群体对个体行为的塑造

群体对个体行为的影响是社会心理学研究的重要课题之一。个体在群体环境中的行为往往会受到群体规范、群体压力、从众心理等因素的影响,从而呈现出与独处时截然不同的言行表现。这种群体影响下的个体行为改变不仅反映了个体与群体之间的复杂互动,也折射出群体在社会化过程中的重要作用。

从社会规范的视角来看,群体对个体行为的塑造体现在对行为规范和准则的建构上。每个群体都会形成一套独特的行为规范。群体成员在社会化过程中,通过观察学习、奖惩强化等方式内化群体规范,调整自身行为以契合群体期许。久而久之,这种外显于群体、内化于心的行为规范便成为个体行动的指南针,并且时刻影响着个体在群体中的言谈举止。

此外,在群体中,个体难免会感受到来自其他成员的压力,体验到顺从群体、彰显归属的内在驱力。面对群体施加的无形压力,个体往往会自我约束乃至自我改造,以迎合群体多数人的立场、观点和做法。这种迫于群体压力而改变行为的现象在众多社会心理学经典研究中均有生动呈现。

(三)群体互动中的社会学习机制

在群体互动中,个体通过观察、模仿、强化等方式习得群体规范、价值观念和行为模式。从社会学习理论的视角来看,个体在群体互动中的学习过程主要包括注意过程、保持过程和动机过程。

注意过程是社会学习的起点。在群体互动中，个体会选择性地关注那些与自身需求相关、具有吸引力的行为模式。这种选择性注意受到个体认知水平、价值取向等因素的影响。一般而言，与个体特质相似、具有榜样作用的行为更容易引起注意。群体互动中的情境线索，如他人的言语暗示、肢体动作等，也会引导个体的注意焦点，促使其关注特定行为。

保持过程是将观察到的行为转化为内在表征的过程。个体在注意他人行为后，并不能立即付诸实践，而是需要对行为的关键特征进行提取、编码，形成易于存储和回忆的心理表征。这个过程受个体认知能力、记忆策略等因素的制约。表征的形成使个体能够在头脑中预演观察到的行为，并对其结果进行预判，为后续的模仿实践做好准备。

动机过程是社会学习的内在驱动力。个体之所以对他人行为进行模仿，很大程度上是由于预期到模仿的结果具有积极意义。换言之，当个体观察到某种行为能够带来物质奖励、社会认可等正强化时，就会产生模仿动机。群体互动中的反馈线索，如言语评价、情绪表达等，为个体提供了判断行为后果的依据，从而影响其模仿动机的强弱。

（四）促进个体与群体互动的策略

个体与群体是相互影响、相互作用的有机整体，二者的关系直接影响学生的健康成长和全面发展。高校学生管理工作者必须深入研究个体与群体互动的内在机制，创新工作理念和方法，营造良性互动的育人环境。

首先，个体与群体互动关系的核心在于交往。没有交往，个体就无法融入群体，群体也难以形成向心力和凝聚力。高校学生管理工作首先要搭建多样化的交往平台，为个体与群体互动创造条件。例如，可以通过开展形式多样的教育活动、社团活动、志愿服务等，为学生提供展示自我、交流思想的机会。在活动中，个体既能够充分表达自己的观点和想法，也能够聆听他人的声音，学会尊重和包容。群体则在平等交流、团结合作中增进彼此了解，凝聚共识，形成积极向上的集体价值观。这种互动交往不仅促进了个体的自我认识和社会化,也为群体的健康发展注入了源源不断的活力。

其次,高校学生管理工作者应注重发挥学生骨干的桥梁作用,引导个体与群体互动朝着积极的方向发展。一个成熟、有凝聚力的群体往往离不开学生骨干的示范引领。他们以高尚的品德、过硬的能力赢得了群体的信任和认可。高校学生管理工作者要善于发现和培养学生骨干,授权其参与班级、团支部等群体的管理,发挥先锋模范作用。学生骨干要以身作则,主动关心、帮助每一个个体,在群体中营造友爱、互助的良好氛围。还要及时收集、反映个体的意见和建议,代表群体与高校学生管理工作者沟通,化解可能出现的矛盾。在学生骨干的引领下,个体与群体之间将形成良性互动,即个体能够获得群体的认同和支持,群体也因个体的积极参与而更加团结。

最后,高校学生管理工作者必须加强对个体与群体互动过程的引导和监督。个体与群体的互动并非总是一帆风顺,这需要高校学生管理工作者时刻保持警惕,及时发现和解决苗头性、倾向性问题。一方面,高校学生管理工作者要通过谈心谈话、学生座谈会等方式,随时掌握个体与群体互动的动态,发现存在的问题。另一方面,高校学生管理工作者要帮助学生正确对待个体差异和群体意见,增强互动的自觉性和主动性。

第二节 学生的自我管理和参与管理

一、学生自我管理的内涵与重要性

(一)内涵

自我管理是学生成长发展过程中一项至关重要的能力,它涵盖了认知层面和行为层面两个核心要素。

从认知层面来看,自我管理意味着学生能够主动认识自我,了解自身的特点、优势和不足,明确人生目标和发展方向。这需要学生具备元认知能力,能够从更高的视角审视自己的思维和行为模式,对自我有一个清晰、全面的认知。自我管理还体现在学生对外部世界的认知上。学生应主动获取并内化各学科领域的知识体系,形成对客观世界的整体性理解,并将其与自身发展相结合,找到适合自己学习和成长的途径。自我管理在认知层面的内涵对于学生的全面发展具有重要意义。通过建立对自我和世界的深刻认知,学生能够更好地规划人生,做出正确的选择和决策。

从行为层面来看,自我管理主要体现为学生通过意志努力,调节和改善自己的行为,以实现预设目标的过程。这个过程涉及学习、生活、人际交往等诸多方面。在学习上,自我管理意味着学生能够合理安排时间,制订切实可行的学习计划,并严格按照计划执行,同时克服惰性,养成良好的学习习惯。在生活中,学生应学会自我照料,合理安排作息,养成健康的生活习惯,提升生活自理能力。在人际交往中,自我管理意味着学生能够控制自己的情绪,以积极的心态面对他人,学会换位思考,与人友好相处。自我管理使学生的行为更加符合社会的行为规范和道德要求,这为其顺利融入社会打下基础。

(二)重要性

自我管理的重要性在于培养学生的独立性和责任心,使其成为学习和生活的主人。在高校教育中,学生面临着从被动学习向主动学习、从依赖管理向自主管理的转变。这个转变对学生的成长与发展至关重要,自我管理能力则是实现这个转变的关键。

具备良好自我管理能力的学生能够自觉地规划时间、合理安排学习和生活,并对自己的行为负责。他们明白,学习成果取决于自己的努力程度,因此会主动探索学习方法,制订切实可行的学习计划,并付诸实践。在这个过程中,学生会逐步形成独立思考、自主决策的意识和能力。自我管理还能帮助学生树立目标意识,增强责任感。当学生意识到自己对学业和人生负有不可推卸的责任时,就会以更主动的姿态投入学习和生活,并为实现目标而不懈努力。

自我管理能力的培养有赖于高校教育和学生自身的双重努力。一方面,高校应转变教育理念,为学生提供自主学习和管理的空间,营造宽松、民主的育人环境。教师应充分尊重学生的主体地位,引导其学会自我规划、自我监督和自我评价。另一方面,学生应主动承担学习和成长的责任,树立积极进取的人生态度。通过不断实践和反思,学生可以逐步掌握自我管理的方法和策略,并将其内化为自身的品质和能力。

二、提升学生自我管理能力的途径

(一) 进行理论培训

自我管理是一种自我调节的过程,它要求个体具备自我监控、自我评价和自我强化的能力。从心理学的角度来看,自我管理的核心在于个体对自身认知、情感、行为的主动控制和优化。要实现有效的自我管理,学生首先需要深入理解其心理学基础,掌握自我管理的科学原理和方法。

认知是自我管理的基础。个体对自我的认知包括自我概念、自我效能感、归因方式等。积极的自我概念有助于建立自信,激发自我管理的内驱力。自我效能感会影响个体对自我管理能力的判断,进而影响其行为选择和坚持程度。合理的归因方式能够帮助学生正确认识自我管理过程中的成败得失,调整策略,改进方法。培养积极的自我认知是提升学生自我管理能力的重要前提。

情绪在自我管理中也发挥着关键作用。积极的情绪体验如成就感、自豪感,能够强化自我管理行为,促进习惯的养成。而消极情绪如挫折感、无助感,会削弱自我管理的动力,导致行为的放弃或中断。学会情绪管理,运用自我激励、压力管理等策略,对于保持自我管理的动力至关重要。良好的情绪状态也有助于提高认知功能,促进自我管理的有效实施。

（二）掌握学习计划的制订与时间管理技巧

学生的自我管理和时间规划能力是其充分发挥个人潜能的关键因素。在日益复杂多变的学习环境中，如何高效利用有限的时间资源，在学业、社团、兼职、生活等多重任务中寻求平衡，对高校学生而言既是挑战，也是必修课。掌握学习计划的制订与时间管理技巧不仅能够帮助学生提高学习效率，也有助于培养其自我约束、自我反思、自我激励的能力，为其未来职业发展奠定基础。

学习计划的制订需要从全局视角出发，综合考虑个人特点、学习任务、时间安排等因素。首先，学生应立足自身，了解个人的学习风格、认知特点和兴趣爱好，在此基础上设定切实可行的学习目标。其次，要全面梳理学期内的各项学习任务，如课堂学习、作业完成、课外阅读、实践实习等，并对其重要性和紧迫性进行排序。再次，要根据学习任务的优先级和时间分布，合理规划每日、每周的学习进程，预留一定的缓冲时间应对突发状况。最后，要及时总结，优化学习计划，在动态中寻求进步。

在学习计划的执行过程中，有效的时间管理技巧不可或缺。精准的时间记录和监控是第一步，学生可以通过手账、APP 等方式详细记录时间开支，找出低效率的"时间黑洞"。在此基础上，可以使用番茄工作法、四象限法则等经典方法，合理划分时间块，集中注意力高效学习。此外，要注意劳逸结合，在紧张的学习之余适度放松，保证睡眠质量和身心健康。良好的学习环境和习惯的养成也至关重要，固定的学习时间和场所、规律的作息节奏、远离手机等电子设备的干扰等，都有助于提高学习效率。

（三）进行反馈与调整

反馈与调整是学生自我管理过程中不可或缺的重要环节。通过主动寻求反馈，学生能够及时了解自身的优势和不足，明确学习过程中存在的问题。教师、同学乃至家长的及时反馈能够帮助学生客观审视自我管理策略的有效性，发现计划执行中的偏差。学生需要以开放和谦逊的心态接纳反馈意见，将其视为成长的机遇和动力。

在获得反馈的基础上,学生需要进一步分析原因,主动做出调整。这种调整可能涉及学习计划的重新制订、时间管理方式的优化以及学习策略的灵活运用。例如,如果反馈显示学生在特定学科上存在薄弱环节,就需要在原有计划的基础上,增加该学科的学习时间和训练强度。如果反馈表明学生在执行计划的过程中容易受到外界干扰,就需要优化自己的时间管理策略,选择更加安静的学习环境或培养专注力。

在进行调整的过程中,需要坚持循序渐进、持之以恒的原则。自我管理能力的提升是一个长期的过程,不可能一蹴而就。这意味着学生需要在调整的过程中不断积累经验,总结教训,逐渐找到适合自己的管理方式。学生还需要保持耐心和毅力,不因一时的挫折或困难放弃努力。

三、学生参与管理的形式与机制

(一)参与形式

学生参与管理是高校学生管理工作的重要组成部分,它体现了尊重学生主体地位、发挥学生主动性的教育理念。在实践中,学生会和学生自治组织是学生参与管理的主要形式。

学生会作为高校党团组织领导下的学生群众性组织,在校园文化建设、学风建设、权益维护等方面发挥着重要作用。通过组织开展形式多样的校园活动,学生会为广大学生提供了施展才华、锻炼能力的舞台,也极大地丰富了校园文化生活。学生会还通过开展专题调研、召开座谈会等方式,及时收集和反馈学生诉求,维护学生的合法权益。

与学生会相比,学生自治组织更加注重学生的自主管理和自我教育。这类组织通常以班级、社团为单位,由学生自发组建和运作。在学生自治组织中,学生通过民主选举产生骨干成员,制定自我管理的规章制度,开展自主活动。这个过程不仅有助于培养学生的组织管理能力,也能够增强其主人翁意识和集体荣誉感。学生自治组织的活动内容十分广泛,涵盖学习互助、生活服务、社会实践等各个方面。例如,许多班级都会成立学习互助小组,由学习成绩优异的同学帮助其他同学解决学习困难;有的班级还自发组织了"学雷锋"志愿服务队,并且利用课余时间开展环境保护、社区服务等公益活动。

(二)管理机制

管理机制是将学生纳入高校管理体系、发挥其主体作用的重要途径。在创新学生参与管理的过程中,需要建立相关的规章制度,明确学生参与管理的权利和义务,规范其行为方式。还要构建合理的学生参与决策机制,确保学生能够在学校管理中真正发挥作用。

完善的规章制度是保障学生有序参与管理的基础。高校学生管理工作者应根据学生参与管理的目标和要求,制订科学、合理的管理制度,对学生参与管理的各个环节进行规范和引导。例如,可以通过制订学生参与管理的实施细则,明确学生参与的范围、方式、程序等,为学生参与管理提供制度保障;可以建立学生参与管理的考核评价机制,对学生参与管理的情况进行定期考核,并将考核结果作为学生评优评先的重要依据,以此激励学生积极参与管理。

学生参与决策是管理机制创新的重点。传统的高校管理模式往往将决策权集中在少数高校学生管理工作者手中,学生很少有机会参与高校的决策过程。而现代教育理念强调以学生为本,尊重学生的主体地位,鼓励学生参与高校管理。在创新管理机制时,应着力构建学生参与决策的平台和渠道。一方面,高校学生管理工作者可以通过召开学生代表大会、设立学生议事会等形式,为学生参与决策提供制度化的平台。另一方面,可以探索网络议政、校长接待日等新颖的参与方式,拓宽学生表达诉求、参与决策的渠道。

建立健全的反馈机制也是创新学生参与管理不可或缺的一环。学生参与管理的意义不仅在于决策过程,也在于决策的执行和反馈。建立及时、有效的反馈机制,能够确保学生的意见和建议得到重视和采纳,提升学生参与管理的实效性。例如,可以定期召开学生意见反馈会,听取学生对高校管理工作的意见和建议;可以开通校长信箱、意见箱等,鼓励学生通过多种渠道反映情况、提出建议。

四、自我管理与参与管理的协同效应

(一)自我管理与参与管理的关系

学生自我管理与参与管理的协同效应源于二者在本质上的互补性。自我管理侧重于个体层面,强调学生通过自我认知、自我督促和自我调控,提升自身的学习和生活管理能力。参与管理则聚焦于集体层面,鼓励学生投身于学校管理事务,在与他人合作、交流的过程中锻炼组织协调、沟通表达等社会实践能力。二者虽各有侧重,但在育人目标上却是高度一致的,即促进学生的全面发展。

从个体到集体,从自我管理到参与管理,学生在不同层面、不同情境中提升多元化的能力。自我管理为参与管理提供了必要的个体基础,学生只有掌握了自我管理的方法和策略,才能在参与集体管理时发挥更大的主观能动性。参与管理也为学生的自我管理提供了现实场域。在与他人互动、合作的过程中,学生对自身的认知更加全面和深入,自我管理能力也得到进一步提升。可以说,自我管理与参与管理之间存在着循环递进、相互促进的关系。

(二)自我管理与参与管理的实践形式

在高校学生管理工作创新研究中,高效合作的校园管理模式是一个值得探索的重要课题。这种模式旨在打破传统的部门壁垒,整合各方资源,形成协同育人的合力。通过学生事务部门、教学单位、后勤服务等多个部门的通力合作,不仅能够提高管理效率,也能为学生营造良好的学习生活环境,促进其全面发展。

高效合作的校园管理模式的核心在于建立科学、规范的协调机制。首先,高校应成立由各相关部门负责人组成的协调委员会,定期召开会议,共同商讨重大事项,统筹资源配置。其次,要建立健全的信息共享平台,利用大数据技术,实现各部门之间的数据互通和业务协同。最后,要完善督查评估机制,对各部门的工作进行监督和考核,确保管理目标的达成。通过这些措施,可以有效促进各部门之间的沟通协调,形成工作合力。

在高效合作的校园管理模式下,学生管理工作呈现出全员育人、全过程育人、全方位育人的特点。辅导员、班主任等专职管理人员固然发挥着重要作用,但教师、行政人员、后勤服务人员等育人主体也应在日常工作中主动关注学生成长,营造良好的育人氛围。同时,学生管理不再局限于思想教育、党团建设等传统领域,而是贯穿于学生学习、生活、实践的全过程,并且涵盖心理健康、安全维稳、资助帮扶等各个方面,以实现全方位的引导和服务。

高效合作的校园管理模式还为学生参与管理提供了广阔空间。一方面,高校通过"朋辈教育"等形式,发挥学生骨干的示范引领作用,引导学生参与自我管理、自我服务。另一方面,高校鼓励学生成立社团组织,开展丰富多彩的校园活动,培养学生的组织管理能力。学生通过参与管理不仅能够提高自身的综合素质,也能增强对高校的认同感和归属感。

(三) 自我管理与参与管理的内化和外化

自我管理与参与管理的内化和外化是提升学生管理工作实效性的关键途径。

自我管理作为一种内在自觉,是学生在认知、情感、意志等多维度对自身行为进行规划、调控和评估的过程。通过系统的理论学习和实践锻炼,学生能够深刻认识到自我管理的重要性,掌握科学的自我管理方法,养成自主学习、自我约束的良好习惯。这种源自内心的自觉性管理能够促进学生个性的全面发展。

参与管理为学生提供了施展才干、贡献力量的广阔舞台。通过在学生会、社团等学生自治组织中担任职务,参与校园管理和决策,学生能够在实践中提升组织协调、沟通表达等能力,增强责任意识和主人翁精神。这种在集体中的角色实践不仅是对学生领导力的培养,也是公民意识的孕育过程。学生在参与式管理中逐步学会换位思考、民主协商,体会个人利益与集体利益的辩证统一,进而将个人发展与集体建设、社会进步相结合。

五、自我管理与参与管理在学生发展中的作用

(一)培养良好的自我管理习惯

自我管理是学生全面发展的重要基石,它不仅关乎个人成长,也影响未来职业发展的走向。在高校学习阶段,培养良好的自我管理习惯能够帮助学生明确人生目标,提升自我认知,完善人格品质,为将来走上工作岗位奠定坚实的基础。

从认知层面来看,自我管理有助于学生树立正确的人生观和价值观。通过制订切实可行的学习和生活计划,学生能够深入审视自我,思考人生的意义和追求,进而明确奋斗方向。在执行计划的过程中,学生还能够及时发现自身不足,调整心态和行为,促进自我认知能力的提升。这种自我觉察和自我改进的能力正是职场发展所需要的关键素质之一。

从能力层面来看,自我管理是培养自律意识和行动力的有效途径。在自主安排学习进度、合理分配时间、高效完成任务的过程中,学生的自控能力和执行力能够得到锻炼和提高。养成良好的行为习惯能够帮助学生在未来的工作中更好地适应环境,应对挑战。无论是独立作业还是团队协作,良好的自我管理能力是保证高效运转的关键因素。

从情感态度层面来看,自我管理有利于塑造积极向上的人格品质。通过设定目标、克服困难、收获成功,学生能够增强自信心,提升抗挫能力,培养坚韧不拔的意志。而这些优秀品格正是职场发展所需要的宝贵财富。积极的态度能够帮助学生在未来工作中更好地面对压力,化解矛盾,与他人建立良好的人际关系。

(二)增强社会适应性

参与管理的过程能够帮助学生增强社会适应性,培养必备的社会技能。在校园环境中,学生通过参与各类管理事务,如学生会、社团组织等,得以在实践中

锻炼组织协调、沟通表达、团队合作等关键能力。这些能力不仅是学生在校期间顺利完成学习任务的必备条件,也是其步入社会后适应职场环境、应对复杂问题的关键。

参与管理为学生提供了一个真实的社交情境,在这个情境中,学生需要与不同背景、不同观点的人进行交流,同时学会换位思考,体谅他人,寻求共识。这个过程能够有效拓宽学生的视野,提升其处理人际关系的智慧和技巧。通过参与集体决策、开展项目策划等管理实践,学生的责任意识、大局观念也能得到培养。他们将逐渐意识到,个人利益与集体利益的平衡、短期目标与长远规划的协调是管理活动中不可或缺的重要主题。

参与管理还能帮助学生形成积极的生活态度和价值追求。在管理实践中,学生不仅要学会服从,更要勇于担当,敢于创新。面对困难和挑战,他们需要发扬迎难而上的进取精神,培养坚韧不拔的意志品质。同时,通过参与各类社会公益活动、志愿服务项目,学生能够更加深刻地认识社会,理解他人,增强服务意识和奉献精神。这些宝贵的情感体验将被内化为学生的价值理念,并且成为引领其人生发展的精神指引。

(三)实现教育目标

高校学生管理工作者应深刻认识到学生自我管理和参与管理对于实现教育目标的重要意义。自我管理和参与管理不仅是一种管理方式,更是一种教育理念和育人途径。通过引导学生主动参与自我管理和集体管理,高校学生管理工作者能够帮助学生内化自律意识,培养其独立性和责任心,提升其社会参与能力和公民素养。

从个体发展的角度来看,自我管理是学生走向成熟、实现自我教育的重要标志。在自我管理的过程中,学生需要树立明确的目标,制订切实可行的计划,合理安排时间,克服困难,评估反思。这一系列环节对于学生自我认知能力、自我调节能力、自我约束能力的提升都具有重要意义。而这些能力正是学生未来成长和发展所必需的关键要素。

从社会发展的视角来看,参与管理是学生适应社会、融入社会的必由之路。现代社会是一个高度复杂和快速发展的社会,它需要公民具备参与意识和参与能力。高校正是培养这种意识和能力的重要场所。通过参与学生组织管理、校园事务管理等,学生能够领悟民主管理的真谛,学习沟通协调的艺术,培养服务奉献的情怀。高校应营造良好的参与氛围,搭建多样的参与平台,以学生参与管理为重点,着力提升学生的社会责任感和公民素质。

第三节 常规管理和异常管理相结合

一、常规管理的内涵

常规管理是现代高校学生管理工作的基础和常态。它指的是学校在日常教育教学活动中,依据国家法律制度和学校规章制度,对学生的学习、生活、行为等方面实施的全面管理。常规管理的最终目标是促进学生德智体美劳全面发展,培养社会主义事业的合格建设者和可靠接班人。这要求高校学生管理工作者建立健全的学生管理规章制度,明确规定学生行为的基本准则和要求,对学生实施有效的教育、管理和服务。

常规管理的内容主要包括三个方面。一是思想政治教育,旨在帮助学生树立正确的世界观、人生观和价值观,提高思想政治觉悟,增强社会主义道德修养;二是学风建设和学习指导,旨在营造良好的学习环境和氛围,引导学生养成刻苦学习、勤奋钻研的习惯,掌握科学高效的学习方法,提高学习效果和学业成就感;三是日常行为规范管理,通过制订和实施行为规范,约束和规范学生言行,培养学生自觉遵纪守法、尊师重道的良好品德,塑造文明、礼貌、谦逊、谨慎的行为习惯。

为了保证常规管理的有效性,高校学生管理工作者必须遵循以下基本原则。一是以人为本,尊重学生的主体地位,关注学生的个性发展,满足学生的合理需求;二是依法依规,严格按照国家法律和高校规章制度办事;三是科学管理,遵循教育规律和学生成长规律,采取既严格又人性化的管理措施;四是正向激励,注重发挥先进典型的示范引领作用,营造健康向上、积极进取的校园文化,增强学生的获得感和认同感;五是常抓不懈,将学生管理工作贯穿于高校教育教学的全过程,形成全员、全程、全方位的育人格局。

二、异常管理的识别与应对

(一)识别异常情况

识别高校学生异常情况是学生管理工作中的重要一环。异常情况泛指学生在学习、生活、心理等方面出现的偏离常态的表现,如学业成绩突然下滑、情绪反复无常、行为古怪反常等。及时、准确地识别这些异常情况是有效开展学生管理工作、防范潜在风险的前提和基础。

识别学生异常情况的首要方法是密切关注学生的日常表现。辅导员、班主任等高校学生管理工作者应深入学生群体,与学生保持良性互动和沟通,及时了解学生的思想动态、学习状况和生活情况。通过日常观察和交流,高校学生管理工作者能够敏锐地捕捉到学生情绪、行为等方面的异常变化,从而为进一步分析、判断和干预提供依据。

建立完善的学生信息收集和分析机制是识别异常情况的重要途径。高校应充分利用大数据、人工智能等现代信息技术,搭建学生管理信息化平台,实现对学生成绩、考勤、消费、社交等各类数据的采集、存储和分析。通过数据的纵向对比和横向关联,高校学生管理工作者能够精准地发现学生在不同维度上的异常变化,从而为精准识别、有效干预提供数据支撑。

完善的预警和反馈机制是识别学生异常情况的重要保障。高校应建立多层次、多渠道的预警体系,鼓励教师、学生、家长等各方主体参与异常情况的发现和反馈。对于学业预警,可以设置成绩波动阈值,当学生成绩出现大幅下滑时,系统自动预警,提醒教师及时干预;对于心理预警,可以开通心理咨询热线,设置心理测评量表,及时发现心理问题;对于行为预警,可以在校园内布设智能监控系统,对危险行为进行识别和预警。

加强与校外机构的合作是识别学生异常情况的有效方式。高校可以与公安、医疗、社区等部门建立常态化的信息共享和沟通机制,及时获取学生在校外的违法违规、伤病就医等异常信息,为全面掌握学生动态提供有力补充。

提高高校学生管理工作者的专业素质和职业敏感性也是识别异常情况的关键。高校应加强对学生管理队伍的培训和指导,提升其观察力、洞察力和分析力,使其能够在日常管理中,做到早发现、早预警、早干预。还应培养高校学生管理工作者的同理心和爱岗敬业精神,真正做到"以学生为本",在工作中始终保持对学生的关心。

(二)应对预案的设计

针对高校学生各类异常情况,制定周密的应急预案至关重要。

应急预案的设计需要基于对各类异常情况的准确识别和分类。学生的异常情况可能涵盖学业、心理、行为、健康等多个方面,不同类型的异常有其特定的表现形式和潜在风险。只有对这些情况进行细致入微的分析,才能制订出切实可行的应对预案。

应急预案的设计应遵循"预防为主,防治结合"的原则。一方面,要注重前期的预防和教育工作,通过加强学生的心理健康教育、品德培养、学习方法指导等,提升其应对挫折和处理问题的能力,从源头上降低异常情况发生的概率。另一方面,面对已经出现的异常,在应急预案中要提供明确的识别标准和处置流程,确保在第一时间发现问题,迅速启动应对机制。

应急预案应包含多个层级和维度。在高校层面,要建立健全的组织架构和工作机制,明确各部门在异常情况处理中的职责分工和协作流程。辅导员、班主任等学生工作一线力量要掌握基本的识别和干预技能,能够及时发现和报告异常情况。在院系层面,要针对本单位学生群体的特点,制订符合实际的应急预案,并定期组织演练,检验其可操作性。高校还应聘请心理学、教育学等领域的专家,为应急预案的制订提供专业指导。

三、常规管理与异常管理的衔接与转换

(一)衔接机制的构建

在构建高校常规管理与异常管理的衔接机制时,需要立足管理工作的整体性和系统性,统筹考虑日常与非常规状况下管理模式的切换与协调。这个过程不仅涉及管理理念、制度设计、流程优化等方面,也需要高校学生管理工作者具备敏锐的洞察力、灵活的应变能力和高超的协调技巧。

从管理理念来看,常规管理与异常管理虽然侧重点有所不同,但其根本目标都是维护校园秩序,保障教学科研活动的正常开展,促进学生的全面健康发展。在构建两种管理模式的衔接机制时,要始终坚持以人为本、育人为先的理念,将学生的利益和需求放在首位。在日常管理与应急处置中,要充分尊重学生的主体地位,保护其合法权益,激发其内在潜能。高校学生管理工作者还要树立系统思维,善于从全局和长远的角度审视问题,平衡各方利益诉求,妥善处理矛盾。

制度建设是实现常规管理与异常管理有效衔接的重要保障。高校要根据自身实际,制定科学合理的管理制度,明确日常管理和应急处置的范围、内容、程序和要求。在制度设计上,要注重常态与非常态管理的统一性和互补性。例如,可以在日常管理制度中预置应急预案启动机制,明确突发事件的分级标准和响应流程;可以在应急管理制度中嵌入常态管理的基本要求,强调在危机处置过程中要继续做好日常教育管理工作。要通过制度的刚性约束和弹性引导,为管理模式的顺畅切换提供可靠的依据。

流程再造是提升常规管理与异常管理衔接效率的关键举措。面对日益复杂多变的高校管理环境,传统的条块分割式的管理流程已难以适应新形势的要求。高校要积极推进管理流程的优化重组,打破部门壁垒,建立快速响应、协同高效的管理运行机制。一方面,要进一步理顺日常管理流程,消除冗余环节,提高行政效率,为异常管理预留时间和空间;另一方面,要健全完善异常状况下的应急处置流程,明确各相关主体的职责分工和协调配合机制,力求在最短时间内平息

事态，把损失降到最低。还要加强常态与非常态管理流程的有效衔接，既要防止应急处置对日常工作的过度干扰，又要善于利用常规管理成果为危机管控提供支撑。

（二）转换流程的优化

从组织架构层面看，优化转换流程需要打破传统的条块分割，建立一个扁平化、网络化的应急指挥体系。这个体系应充分整合各职能部门资源，明确各方职责分工，形成上下贯通、左右协同的运行机制。通过定期开展应急演练、评估总结等活动，不断提升指挥系统的运作效率和应变能力。还应建立健全的预警监测和信息共享平台，及时发现和处置可能引发群体性事件的隐患，最大限度控制事态发展。

从工作流程层面看，优化转换流程的重点在于提高应急预案的针对性和可操作性。一方面，要针对各类突发事件制订详细的处置方案，明确工作流程、责任主体和时间节点，确保关键环节无缝衔接、快速响应。另一方面，要加强方案的演练和评估，及时发现并弥补工作中的薄弱环节。还要注重提升一线管理人员的应急处置能力，通过专题培训、经验交流等方式，提升其临场应变、沟通协调、心理疏导等关键技能。

从制度建设层面看，优化转换流程离不开一整套规范完备的工作机制。在常规管理方面，要建立健全的学生行为管理、心理健康教育、安全防范等各项制度，以便为异常管理提供坚实的制度保障。在异常管理方面，要明确科学的预案启动、信息发布、善后处置等工作流程，确定高校学生管理工作者的权责边界和行为规范。同时，要加强制度的学习宣传和监督考核，确保各项工作有章可循、有据可依。

四、常规管理与异常管理相结合的创新探索

随着时代的发展和教育理念的更新，传统的管理模式已难以适应新形势下学生成长的需求。高校学生管理工作者必须与时俱进，积极探索创新的管理方

法和途径,为学生的健康成长提供良好的环境和条件。

系统化的管理机制是创新高校学生管理工作的基础。高校学生管理工作者应深入分析学生管理工作的内在规律,构建科学、合理的管理体系。这个体系应涵盖学生教育、管理、服务等各个方面,以实现管理工作的全面系统化。管理机制还应具有一定的灵活性和适应性,能够根据学生发展的实际需求进行动态调整,为创新管理实践提供制度保障。

信息化技术的应用是创新高校学生管理工作的重要手段。在信息时代背景下,高校应积极利用大数据、人工智能等现代技术,提升管理工作的精准性和有效性。例如,高校学生管理工作者可以通过数据分析,准确把握学生的思想动态和行为特点,有针对性地开展教育引导;借助智能化管理平台,高校学生管理工作者能够实现对学生日常行为的实时监测和及时反馈,提高管理效率。信息化不仅能够拓宽管理渠道,还能促进管理模式的创新,为创新实践注入新的活力。

人性化的服务理念是创新高校学生管理工作的核心要义。学生管理的根本目的是促进学生的全面发展,这要求高校学生管理工作者必须坚持以人为本,尊重学生的主体地位。在管理实践中,高校学生管理工作者应深入了解学生的实际需求,提供个性化、多元化的服务,帮助学生解决成长过程中遇到的问题。高校学生管理工作者还应注重人文关怀,通过心理疏导、情感交流等方式,与学生建立良好的沟通互动,营造温馨、和谐的育人氛围。

协同创新的工作机制是提升高校学生管理工作实效的重要保障。学生管理是一项系统工程,涉及教育教学、后勤服务、安全保卫等多个部门。这需要建立健全的协同工作机制,促进各部门之间的沟通协调,形成工作合力。例如,高校学生管理工作者可以定期组织跨部门联席会议,共同研究解决学生管理中的重点难点问题;建立"导师-辅导员-班主任"的立体化育人体系,实现分工协作、优势互补。

第三章 高校学生管理工作的内容

第一节 高校学生学籍管理

一、高校学生学籍管理的原则

(一)遵循法律制度

法律制度是高校学生学籍管理工作的基本准则和行动指南。在法治社会,任何组织和个人的行为都必须以法律为依归,高校学籍管理工作也不例外。只有严格遵循相关法律制度,建立规范、科学的学籍管理制度,才能保证学籍管理工作的合法性、规范性和有效性,维护学校和学生的合法权益。

我国已建立了比较完善的高等教育法律体系,这些法律制度从不同层面对高校学籍管理工作作出了明确规定,并且涵盖了入学与注册、学籍注册与学年电子注册、考核与成绩记载、转学与转专业、休学与复学、退学、毕业与结业、学业证书管理、学籍信息管理等各个环节。高校必须以这些规定为基本准则,结合学校实际情况制订具体的学籍管理办法。

在制度建设过程中,高校还要注意吸收相关司法解释和指导性案例的精神,增强学籍管理的法律效力和执行力。

(二)保护学生权益

保护学生权益是高校学生学籍管理实践中最重要且必须坚持的基本原则。在学生管理的全过程中,高校和教师都要以维护学生合法权益为出发点和落脚点,切实保障学生的基本权利不受侵犯。这不仅是教育公平、教育质量的内在要求,也是高校落实立德树人根本任务的必然选择。

从法律层面看,各项法律制度都对保障学生基本权利做出了明确规定。这为高校学生权益保护提供了坚实的法治基础和行动指南。高校在制定和实施学籍管理制度时,必须以宪法和教育法律为准绳,确保管理措施合法合规,杜绝侵犯学生权益的现象发生。

从管理层面看,学生权益保护应贯穿学籍管理的全过程。在入学阶段,高校要尊重学生的入学选择权。在学习阶段,高校要保障学生的受教育权,为其提供平等的教育机会和优质的教学资源。高校还要尊重学生的个性发展,提供多样化的课程选择和发展途径。在毕业阶段,高校要保障学生的学位授予权,建立公正透明的学位评定机制。

从制度层面看,学生权益保护的关键在于构建科学、规范、透明的学籍管理制度。首先,高校要广泛吸收师生参与,通过民主协商确定管理制度的基本框架和主要内容。其次,高校要加强制度的宣传和培训,帮助师生准确理解和把握制度要求。再次,高校要强化制度执行的监督与问责,及时发现和纠正损害学生权益的行为。最后,高校要建立制度的反馈和修订机制,根据师生的意见不断完善管理制度。

(三)公平透明

在高校学生学籍管理工作中,公开透明的管理体系和信息公正性是确保管理公平、维护学生权益的重要基础。学籍管理工作涉及学生的切身利益,并且关系到其在校学习和未来发展。建立规范、透明的管理制度,保证相关信息的公开、准确和及时,已成为现代高校管理的基本要求。

透明的学籍管理体现在制度的制定和实施过程中。高校应根据国家相关法律制度,结合自身实际,制定明确、具体的学籍管理办法。在制定制度的过程中,要广泛听取师生意见,确保制度内容的合理性和可操作性。制度一经出台,就要严格执行,杜绝随意变更或者选择性执行的现象。高校还应建立健全的监督机制,及时发现和纠正制度执行中存在的问题,并对违规行为进行严肃处理。

信息公正性要求高校在学籍管理工作中,保证各项信息的准确、完整和及时。无论是在学籍变动、学业评价,还是奖惩处理等方面,都要做到有理有据,不能凭主观臆断或者个人好恶作出决定。对于涉及学生切身利益的重大事项,高校应提前向学生说明情况,听取他们的意见,并做好解释和疏导工作。在信息发布方面,高校要通过多种渠道及时、准确地向师生传达各项消息,避免出现信息失真或者滞后的情况。

(四)灵活更新

高校学生学籍管理的灵活性是保障教育事业持续发展的关键。随着高等教育的不断发展和社会环境的快速变迁,高校学籍管理也必须与时俱进,不断优化管理原则和方式方法,以适应新形势下人才培养的需求。这种持续更新的灵活性既是高校学籍管理工作的应有之义,也是提升管理质量和效能的必由之路。

从管理原则来看,在高校学籍管理中需要在坚持依法依规的基础上,根据教育创新的内在要求,对原有的规章制度进行动态调整和优化。一方面,要及时完善已经不适应新形势的条款内容,消除制度规定与教育实践之间的冲突;另一方面,要积极制定新的管理办法和实施细则,用制度创新来引领和推动学籍管理工作的改进。

从管理方式来看,在高校学籍管理中需要根据不同学生群体的特点,实施分类指导、精准施策。对于学习优异、全面发展的学生,可以给予更多的自主权和选择权,鼓励其参与科研创新、社会实践等拓展性活动;对于学习困难、有转专业意愿的学生,要及时给予学业指导和心理疏导,帮助其顺利完成学业;对于家庭经济困难、身心健康出现问题的学生,要强化资助帮扶和关爱救助,确保其不因各种原因而辍学。

从管理手段来看,在高校学籍管理中需要充分运用现代信息技术,建立智能化、数字化的管理平台,提高管理的精准性和时效性。通过大数据分析,可以及时发现学生在学习、生活等方面存在的苗头性、倾向性问题,有针对性地开展预警和干预;通过在线服务,可以为学生提供随时随地的咨询答疑和指导帮助,加强学校、教师、家长之间的沟通;通过信息共享,可以实现校内各部门之间的数据互联和业务协同。

二、学籍管理制度的建立

(一)制度框架的设计

制度框架是学籍管理工作的核心和基础。建立科学、规范、完善的制度体系,能够为高校学籍管理提供坚实的保障。这个体系应立足高等教育发展规律,遵循学生成长成才规律,体现以生为本的理念,充分尊重学生的主体地位和合法权益。

从宏观层面看,学籍管理制度框架应与国家相关法律制度相衔接,以确保制度的权威性和合法性。还要与学校的办学定位、人才培养目标相适应,体现学校的办学特色和优势。

从中观层面看,设计学籍管理制度框架时需要涵盖学籍管理工作的各个方面,形成系统、完整的制度链。这包括招生录取、注册入学、课程修读、成绩评定、转专业、休学复学、退学、毕业等环节的规章制度。在这些制度中应明确规定各环节的工作流程、管理职责、处理原则,从而为学籍管理工作提供可执行、可操作的依据。

从微观层面看,每一项具体制度的设计都要突出针对性、可行性和人文关怀。例如,在制定转专业制度标准时既要考虑学校的学科专业布局,也要兼顾学生的个性发展需求;在审批程序上既要体现公平公正,也要注重效率与便捷;在沟通反馈环节既要坦诚、务实,也要给予人文关怀。

(二)学籍管理制度的实施与监管

学籍管理制度的实施与监管是保障高校学生管理工作有序开展的重要环节。高校应根据国家相关法律制度和教育部门的要求,结合学校实际情况,制定科学、规范、可操作的学籍管理制度。制度的内容应涵盖学籍注册、学籍异动、学业成绩评定、毕业资格审核等各个方面,同时应明确规定各环节的工作流程、操作规范和责任主体。

在制度实施过程中,高校应建立健全的监管机制,确保制度落到实处。一方面,高校应成立专门的学籍管理监督小组,定期对学籍管理工作进行检查和评估,及时发现和解决存在的问题。监督小组应由校领导、教务处、学生处等相关部门负责人以及专业教师代表组成,以保证监管工作的权威性和专业性。另一方面,高校应充分发挥信息化手段在学籍管理监控中的作用。通过建设学籍管理信息系统,实现学籍数据的实时采集、传输和分析,为学籍异常情况的及时预警和处理提供可靠的依据。

(三)规章制度的宣传与培训

规章制度的宣传与培训是高校学生学籍管理实践中不可或缺的环节。让学生和管理人员充分了解学籍管理的各项规定,能够确保制度得到有效执行,维护教学秩序,保障学生权益。

要切实提升规章制度宣传与培训的实效性,高校需要转变观念,充分认识到这个工作的重要意义。学籍管理制度是维系学校正常教学活动的基本保障,事关学生切身利益。高校要创新宣传培训方式,综合运用多种渠道和载体,增强吸引力和感染力。传统的制度文本、宣讲会等固然不可或缺,但在新媒体时代,高校更应善于利用网络平台、移动端APP等新兴手段,开展形式多样、内容鲜活的宣传活动,提高学生和教师的参与度。例如,可以制作生动直观的动漫视频,解读学籍管理制度要点;开设在线问答专区,及时回答师生提出的问题;举办制度知识竞赛,以寓教于乐的方式强化规章意识。

与宣传相比,在培训工作中应更加注重互动性和针对性。面对不同年级、不同专业的学生,管理人员要因材施教,有的放矢。对于新生,要着重讲解学籍管理的基本框架和核心内容,帮助他们尽快适应大学学习生活;对于高年级学生,要突出强调与毕业、就业相关的规定,引导其做好学业规划。此外,在培训中还要充分考虑学生的接受特点,采取案例分析、情景模拟等方式,激发学生兴趣,加深印象。例如,可以设计一些典型违规情境,引导学生分组讨论如何依规处理,在交流互动中加强制度认同。

在规章制度的宣传与培训过程中,高校还要重视发挥学生骨干和学生组织的作用。一方面,学生骨干来源于学生群体,并且更了解同学们的所思所想;另一方面,通过赋予学生组织一定权责,可以有效拓宽工作渠道,提高学生参与的主动性。许多高校在学生会、班委会等组织中专门设立学习部或纪律部,以协助学籍制度的宣传教育,这种做法值得肯定和推广。

(四)制度反馈与修订机制的完善

完善的制度反馈与修订机制是确保高校学籍管理工作顺利开展的重要保障。学籍管理制度不是一成不变的,而是需要根据高等教育发展的实际需要和学生管理工作的现实情况进行动态调整。只有建立科学、高效的反馈渠道,及时发现制度执行过程中存在的问题,并通过修订加以解决,才能使学籍管理制度真正发挥应有的作用。

在制度反馈机制方面,高校应建立多层次、多渠道的信息收集和反馈体系。一方面,管理部门要通过座谈会、问卷调查等方式,广泛听取师生员工对学籍管理工作的意见和建议。只有充分尊重一线教学和管理人员的实践智慧,才能使制度更加贴近实际、符合需求。另一方面,高校应重视学生的主体地位,鼓励学生通过正式和非正式渠道反映诉求,参与学籍管理制度的完善。通过搭建学生参与的平台,既能增强制度的针对性和有效性,又能提高学生的参与意识和责任感。

在制度修订机制方面,高校要建立健全的工作流程,明确修订的主体、程序和要求。修订工作应以问题为导向,即针对反馈中集中反映的突出问题,做到有的放矢、对症下药。同时,在修订过程中要坚持科学性与民主性相统一,在广泛调研论证的基础上形成修订方案,并提交相关会议审议。在制度的修订中,既要立足学校实际,又要遵循教育教学规律,保持制度的连续性和稳定性。特别是对一些涉及学生切身利益的重大制度调整,更要慎重对待,必要时可以先行试点再全面推开。

三、学籍管理流程的优化与创新

(一)学籍管理流程的优化

学籍管理流程优化的核心在于精简步骤、提高效率,这需要从流程设计的原则入手,采取科学的优化策略。流程优化应遵循以人为本、简便高效、动态调整的原则。以人为本要求进行流程设计时应充分考虑学生的实际需求和感受,尽可能减少学生在办理事务中的等待时间和往返次数。教职工操作的便捷性也应纳入考量,力求实现一站式服务。

优化后的流程应更加简洁明了,减少冗余环节,最大限度压缩办理时限。这要求管理部门全面梳理现有流程,识别其中的低效环节,运用信息化手段实现业务协同和并联审批。对于一些审批手续,可以适当下放权限,减少审批层级,提高办事效率。

流程优化还应建立在充分调研的基础之上,既要广泛听取一线管理人员的意见,也要定期收集学生反馈,发现并解决流程运行中的问题。同时,流程优化不是一蹴而就的,而应根据实际运行情况和师生评价及时进行调整,做到持续改进。

在流程优化过程中,借鉴企业流程管理的先进理念和方法也十分必要。例如,引入流程绩效考核机制,将流程运行质量与部门和个人评价挂钩,调动管理人员优化流程的主动性;运用信息化技术手段实现流程可视化管理,加强各业务环节的穿透式监督;定期开展流程审计和风险评估,找出流程中的薄弱环节,有的放矢地实施优化。

(二)电子化流程管理

电子化流程管理是高校学生学籍管理实践创新的重要内容,它充分借助现代信息技术手段,对传统的手工流程进行了系统性的改造和优化。这个创新举措不仅提高了学籍管理工作的效率和质量,更重要的是,它为学生提供了更加便捷、高效、人性化的服务,切实保障了学生的合法权益。

传统的学籍管理流程往往依赖纸质材料和人工操作,存在诸多弊端。首先,纸质材料易于丢失、损毁,保管和查询都十分不便。其次,人工操作容易出错,效率低下,难以适应日益增长的学籍管理需求。最后,传统流程缺乏透明度,学生难以实时了解自己的学籍状态,也无法便捷地提出申请或反馈问题。这些弊端严重制约了学籍管理工作的科学性、规范性和服务品质,急需创新。

电子化流程管理正是针对这些问题提出的解决方案。它以信息化平台为支撑,将学籍管理的各项业务流程数字化、标准化、系统化。学生可以通过网上自助服务系统,随时随地查询自己的学籍信息,在线提交各类申请,并及时获得反馈。教学管理人员则可以通过信息系统,高效处理学生的申请,准确记录学籍变动情况,并自动生成相关报表和统计数据。这些变化不仅提升了学籍管理的时效性和准确性,也极大地方便了师生,为构建和谐校园创造了条件。

在实施电子化流程管理的过程中,要注重顶层设计与流程再造相结合。一方面,要充分考虑学校的实际情况和发展需求,科学规划电子化流程管理系统的整体架构、功能模块和数据标准,确保其先进性、实用性和可扩展性。另一方面,要立足学籍管理工作的业务实际,系统梳理和优化各项业务流程,消除冗余环节,提高流程的科学性和高效性。

(三)异常情况的处理流程设计

异常情况的处理流程设计对于高校学生学籍管理至关重要。休学、退学、复学等特殊情况涉及学生个人发展和高校教学运作的方方面面,因此需要建立科学、规范、人性化的管理机制,既要维护高校的教学秩序,又要保障学生的合法权益。

从学生权益保护的角度来看,完善异常情况处理流程是体现以生为本理念的重要举措。学生休学、退学的原因复杂多样,可能源于身心健康问题、家庭经济困难、学习适应不良等。这些情况往往超出了学生自身的控制范围,需要高校提供必要的关怀和帮助。建立完善的异常情况处理流程,通过与学生充分沟通,深入了解其面临的实际困难,有针对性地提供学业指导、心理疏导、经济资助等服务,这样能够最大限度地降低学生的退学风险,帮助其渡过难关、重返校园。同时,对于有复学意愿的休学学生,高校应制定明确的复学标准和流程,为其顺利回归正常学习轨道提供制度保障。

从教学管理的角度来看,规范异常情况处理流程有利于维护良好的教学秩序。学生的休学、退学、复学行为必然会对正常的教学活动产生一定影响。例如,学生休学、退学会导致相关课程的选课人数发生变化,教师需要对教学计划做出相应调整;复学学生对之前所修课程可能存在遗忘,教师需要对其给予必要的学业帮扶。这要求教务管理部门建立健全的信息沟通机制,及时将学生异动信息反馈给任课教师,协调相关教学资源,确保教学工作的连续性和针对性。学校还应制订明确的休学、退学、复学时间节点,做好与学期进程的衔接,减少对正常教学秩序的冲击。

(四)流程创新评估与监控

流程创新评估与监控对于提升高校学生学籍管理质量和服务水平具有重要意义。在推进流程创新的过程中,评估与监控机制的建立不仅能够及时发现和纠正创新实践中存在的问题,也能确保每一项创新举措切实服务于管理效能的提升和学生利益的维护。

从评估的角度来看,流程创新评估需要建立在科学、系统的指标体系之上。这个指标体系应全面考查流程创新的各个方面,如创新方案的合理性、可行性,创新实施的规范性、有效性,以及创新成果的满意度、持续性等。评估指标还应具有针对性和动态性,即能够根据不同管理场景、不同创新内容进行灵活调整,以保证评估结果的有效性和指导性。在具体评估过程中,可以采取定性与定量相结合的方式,通过问卷调查、访谈座谈、数据分析等多种途径,全面收集师生员工的反馈意见,客观评判创新措施的成效和不足。

从监控的角度来看,在流程创新监控中需要建立常态化、制度化的工作机制。一方面,要明确监控的主体和责任,建立专门的监控小组或委员会,负责创新全过程的督导和把控;另一方面,要完善监控的标准和流程,制订科学的监控指南和实施细则,对创新的各个环节进行规范化管理和质量控制。应将监控的重点放在创新方案的执行情况、关键节点的控制措施、创新绩效的考核评价等方面,通过全程跟踪和动态反馈,及时发现和解决创新推进过程中的风险和障碍,确保创新工作始终沿着正确的方向稳步推进。

在流程创新评估与监控中,还应注重师生员工的广泛参与和民主监督。学籍管理流程创新的最终目的是服务师生、造福师生,只有充分尊重并积极回应师生诉求,创新成果才能获得认可和支持。在评估监控过程中,要拓宽师生参与的渠道,完善意见反馈和申诉机制,鼓励师生提出意见,推动创新工作不断完善。还要加强评估监控信息的公开透明,以接受师生和社会各界的监督,提升学籍管理工作的公信力和美誉度。

四、学籍管理信息系统的设计与应用

(一)系统设计的要求

要构建一个功能全面、操作简便、安全可靠的学籍管理信息系统,必须深入分析学籍管理工作的内在规律和实际需求,遵循系统设计的基本原则,制订切实可行的技术路线和实现方案。

从功能全面性的角度来看,学籍管理信息系统应涵盖学籍管理工作的各个环节和业务流程。这要求系统开发者全面梳理学籍管理的业务范围,细化每个业务环节的具体需求,设计与之相匹配的功能模块。例如,在学生注册与学籍电子注册方面,系统应提供新生信息采集、学籍电子注册、学籍变动管理等功能;在学籍信息管理方面,系统应实现学生基本信息管理、学籍档案管理、学业成绩管理、奖惩情况管理等功能;在学籍变动管理方面,系统应支持休学、复学、转专业、退学等各类学籍异动的审批与管理。

从操作简便性的角度来看,学籍管理信息系统应具有友好的用户界面和清晰的操作流程。作为面向全校师生的管理系统,其用户群体的计算机操作水平参差不齐。因此,系统在界面设计上要遵循简洁明了的原则,采用符合用户使用习惯的交互方式,减少不必要的装饰性元素,突出核心功能的可见性和可达性。系统还应提供完善的操作引导和帮助说明,方便不同层次的用户快速操作。在流程设计上,要根据学籍管理工作的实际流程,合理设置操作步骤和审批节点,做到环环相扣、层层把关,既要避免流程过于烦琐影响效率,又要防止流程过于简化而疏漏关键环节。

从安全可靠性的角度来看,学籍管理信息系统必须采取严格的安全防护措施。学籍信息作为学生的重要隐私,其泄露或篡改将对学生个人利益和高校声誉造成严重损害。因此,在设计系统架构时,要充分考虑系统的安全性和稳定性,采用成熟可靠的安全技术,对关键数据进行加密存储,对系统访问进行严格的权限控制。在身份认证方面,可以采用密码、数字证书、生物特征识别等多重认证手段,防止非法用户侵入系统;在数据传输方面,要采用安全通信协议,防止数据在网络传输过程中被窃取或篡改;在系统运维方面,要建立完善的数据备份与恢复机制,定期开展系统漏洞扫描与修补,提升系统应对网络攻击、硬件故障等意外情况的能力。

(二)系统的功能模块

学籍信息系统是高校学生管理工作中不可或缺的重要组成部分,它通过对学生学籍信息的全面记录和科学管理,为高校教学管理、决策分析提供了可靠的数据支撑。

作为一个有机整体,学籍信息系统由多个功能模块组成,这些模块相互关联、相互促进,共同服务于学生学籍管理的总体目标。其中,学籍登记模块是学籍信息系统的基础;它负责学生入学、注册、休学、复学、退学等学籍变动情况的实时记录,这为学生学习生涯的完整记载奠定了基础。课程选修模块是学生自主规划学习计划、选择课程的重要平台;它能根据学生的专业、年级、学分要求等条件,动态呈现可选课程列表,引导学生合理安排修业进程。学籍预警模块能够对学生在校期间的重要学习事项进行提醒,如重修、毕业资格审核等,这有助于学生顺利完成学业。成绩管理模块不仅记录了学生每学期各门课程的考试成绩,还能生成学生成绩排名、学分绩点等综合性数据,从而为奖学金评定、毕业生就业推荐提供了重要参考。

需要指出的是,学籍信息系统的各功能模块并非孤立存在,而是通过数据共享、业务协同等方式,构建紧密关联的管理网络。例如,学籍登记模块记录的学生基本信息,为课程选修、成绩管理等模块的运转提供了必要的数据支持;学籍预警模块需要综合分析学生选课、考试成绩等情况,以便于及时发现学业风险,提供针对性帮扶。

(三)系统的维护与升级

高校学生学籍管理信息系统是学生学籍管理工作的重要工具和平台,其建设和应用水平直接影响学籍管理的效率和质量。为了充分发挥信息系统在学籍管理中的作用,必须高度重视系统的维护与升级工作,确保其功能与性能始终适应高校管理需求和技术发展趋势。

学籍管理信息系统的维护需要从技术、管理、资金等多个方面入手。首先,要建立专门的系统运维团队,配备足够的专业技术人员,负责系统的日常维护、故障排除、数据备份等工作。其次,要制定完善的系统维护制度和操作规范,明确维护的内容、频率、流程和考核机制,确保维护工作有章可循、有据可依。再次,要加强维护人员的培训和技能提升,使其掌握系统架构、业务流程、安全防护等方面的专业知识,提高维护效率和提升问题解决能力。最后,要合理安排维护时间,尽量选择在系统使用低峰期,以减少对师生的影响。

学籍管理信息系统的升级是适应管理创新、技术进步的必然要求。一方面,随着高等教育的不断深化,学籍管理也面临着新情况、新问题,信息系统应及时跟进、动态调整,以满足管理的新需求。另一方面,信息技术的飞速发展为系统升级提供了新的可能。云计算、大数据、人工智能等新技术的应用能够极大地提高系统的性能和智能化水平。高校要高度重视系统升级工作,制订科学的升级规划和路线图,分阶段、有重点地推进系统的功能拓展和技术更新。

在进行系统升级时,要充分考虑高校实际需求和发展趋势,科学评估系统当前功能的适用性和先进性,有针对性地进行功能优化和拓展。例如,可以开发移动端应用,实现学籍信息的移动化查询和管理;可以引入数据分析功能,挖掘学籍数据的潜在价值,为管理决策提供支撑;可以嵌入工作流引擎,实现学籍业务的自动化、协同化处理。还要重视系统升级的兼容性和稳定性,通过充分的测试和验证,确保新老版本的平稳过渡和数据的安全迁移。

第二节 高校学生生活服务管理

一、高校学生宿舍管理与服务

(一)住宿安全制度与执行

学生宿舍安全是高校学生管理工作的重中之重。宿舍作为学生在校期间的主要活动场所之一,其安全性直接关系到学生的生命财产安全和身心健康。建立健全的宿舍安全制度体系,并确保其有效执行,是切实保障学生宿舍安全的关键所在。高校应从物理安全和行为安全两个层面入手,全面构建学生宿舍安全制度体系。

在物理安全方面,高校要制定严格的宿舍楼门禁管理制度,明确出入管理流程,配备必要的安防设施设备,如监控探头、电子门禁等,加强对外来人员的管控。同时,定期开展宿舍安全隐患排查,及时消除火灾、触电等安全隐患,确保疏散通道畅通。针对学生宿舍的特点,还应制定详细的用电、用火、用气安全管理规定,强化学生安全意识。

在行为安全方面,高校要建立学生宿舍行为规范,对学生在宿舍的起居作息、学习生活、人际交往等行为提出明确要求，引导学生自觉遵守公共秩序、培养良好生活习惯。学生宿舍管理人员要加强日常巡查，及时制止和纠正违规违纪行为。要高度重视学生的心理健康，完善心理危机预警和干预机制，加强宿舍矛盾纠纷的调解化解工作，营造和谐友爱的宿舍人际关系。

（二）生活质量监控

宿舍设施的日常维护和生活服务质量的持续监管是高校学生管理工作中至关重要的环节。作为学生生活的主要场所，宿舍环境的优劣直接影响着学生的身心健康和学习生活质量。高校应建立完善的宿舍设施维护和生活服务质量监控体系，确保学生拥有安全、舒适、便捷的生活环境。

宿舍设施维护是保障学生基本生活需求的重要前提。高校应定期对宿舍楼内的水电设施、消防设备、门窗、家具等进行全面检查和维修，及时发现和解决存在的安全隐患。高校还应根据学生反馈，不断更新和完善宿舍设施，如增设空调、热水器、洗衣机等，为学生提供更加人性化、智能化的生活服务。

生活服务质量监控是提高学生宿舍生活体验的关键举措。高校应制定科学、严格的服务质量标准，从卫生保洁、安全保卫、设施报修等方面入手，建立全方位、全过程的监管机制。定期开展学生满意度调查，广泛听取学生意见和建议，是监控工作的重要抓手。高校应根据调查结果，有针对性地改进服务方式和内容，不断提高服务水平。高校还应加强对服务人员的培训和管理，提高其服务意识和服务技能，营造热情、周到、专业的服务氛围。

建立健全的考核评价和责任追究制度是保障宿舍设施维护和生活服务质量的重要基础。高校应明确各部门、各岗位在维护和服务工作中的职责权限，并将其落实到具体的考核指标和评价标准中。定期组织考核评比，对表现突出的部门和个人给予表彰奖励，对失职渎职的部门和个人严肃问责。

（三）学生自治与参与

学生自治与参与是高校学生宿舍管理服务中不可或缺的重要环节。通过学生自治机制,学生可以参与到宿舍管理服务的方方面面,包括制订宿舍管理条例、组织文体活动、开展卫生检查、协调人际关系等。这个过程不仅有助于提升宿舍管理服务的针对性和有效性,也能够促进学生自主管理意识和责任心的培养。

从管理学的角度来看,学生自治是一种"自下而上"的管理模式,它充分尊重学生的主体地位,调动了学生参与管理的积极性和创造性。在自治过程中,学生需要自己分析问题、制订规则、组织实施、评估反馈,这一系列环节对学生领导力、沟通能力、团队协作等关键能力的锻炼具有重要价值。学生通过亲身实践,也能够更加直观地认识到管理的复杂性和艰巨性,从而更加理解和配合高校的各项管理工作。

建立健全的学生自治组织是推进学生自治的基础。学生会、宿舍委员会等学生组织在其中发挥着至关重要的作用。他们能够代表学生参与高校管理的民主协商,向高校反映学生的意见和诉求,组织开展形式多样的宿舍文化活动。同时,学生干部能够以身作则,引领和带动更多学生投身自治实践,营造"人人参与、共建共享"的良好氛围。高校应给予学生组织必要的指导和支持,完善相关的体制机制,为学生自治创造良好的制度环境。

丰富多彩的宿舍文化活动是增强学生参与自治积极性的重要载体。宿舍是学生学习生活的重要空间,宿舍文化对于凝聚人心、陶冶情操具有独特作用。学生自治组织可以充分挖掘学生特长和兴趣爱好,开展读书沙龙、才艺比拼、体育竞技等活动,丰富学生的宿舍生活。在活动的组织过程中,学生通过分工协作、共同进退,能够增进对彼此的了解和友谊。优秀的宿舍文化不仅能够为学生的全面发展营造良好氛围,也能增强学生对宿舍的归属感和认同感,激发其参与自治的热情。

二、餐饮服务与管理

(一)食品安全与卫生管理

高校食堂的食品安全和卫生管理直接关系着广大师生的身心健康,关系着高校的稳定和发展大局。随着高等教育事业的蓬勃发展，在校学生规模不断扩大，食堂承担的供餐任务日益繁重，食品安全风险也随之增加。如何建立健全食品安全监管体系，完善食品卫生标准，保障师生"舌尖上的安全"，已成为摆在高校面前的重大课题。

食品安全监管是一项系统工程，需要多方协同发力，形成合力。高校食堂要建立起"学校主导、部门协调、师生参与"的食品安全管理模式。高校应成立食品安全领导小组，统筹协调食堂食品安全监管工作，建立健全各项规章制度。后勤、保卫、团委等部门要各司其职，履行监管职责。食堂要设立专门的食品安全管理机构，配备专职食品安全管理人员，建立从采购、储存、加工到销售各环节的全过程控制体系。同时，要广泛发动师生参与食品安全监督，畅通投诉举报渠道，营造人人关心食品安全的良好氛围。

食品卫生标准是保障食堂食品安全的重要依据。高校食堂要严格执行国家和地方的食品卫生法律规定，严把食材采购关，坚持索证索票，确保食材来源可追溯。在食品加工过程中，要严格控制食材存储温度和时间，做好生熟食品分开存放，避免交叉污染。餐饮具要做到定期消毒，保证卫生安全。对于剩余食品，要及时处理，严禁隔夜剩菜回收利用。食堂还要定期开展食品卫生知识培训，提高从业人员的法律意识和责任意识。

（二）餐饮服务质量提升

高校餐饮服务质量的提升是一项系统工程，需要多方协同努力，形成合力。高校管理层、后勤服务部门、餐饮服务供应商、师生消费者等利益相关方都应积极参与其中，共同推动高校餐饮服务质量的不断提升。

首要任务是建立健全餐饮服务质量标准体系。高校应根据国家相关法律规定和行业标准，结合自身实际情况，制订科学、严格、可操作的餐饮服务质量标准，涵盖食品安全、营养健康、服务管理、环境卫生等各个方面。这些标准不仅要符合师生的实际需求，也要体现高校的办学理念和育人目标，成为指导和规范餐饮服务工作的基本准则。

在标准建立的基础上,高校应完善餐饮服务质量监管机制。一方面,要建立由高校管理层牵头,后勤服务部门、院系、学生组织等多方参与的联合监管机构,明确各自职责,形成监管合力。另一方面,要创新监管方式方法,运用现代信息技术手段,加强食品安全溯源管理,实现全过程、全链条的质量监控。同时,要畅通师生反馈渠道,及时收集、分析、处理师生的意见建议,以问题为导向,持续提升餐饮服务质量。

提升餐饮服务人员的综合素质也是重要环节。高校应加强对餐饮服务人员的培训教育,提升其职业道德素养、服务意识和业务能力。定期开展食品安全知识、营养健康知识、礼仪礼貌等方面的培训,引导餐饮服务人员树立"以人为本、服务育人"的理念,自觉将食品安全和师生满意作为工作的出发点和落脚点。建立科学的绩效考核和激励机制,调动餐饮服务人员的积极性、主动性,激发其不断提高服务质量的内生动力。

针对师生消费者的需求变化,高校还应积极推动餐饮服务模式和内容的创新。在充分调研的基础上,根据不同群体的口味偏好、营养需求、就餐时间等特点,设计个性化、多样化的餐饮服务方案。如开设特色窗口、提供定制餐食、延长就餐时间等,最大限度地满足师生的不同需求。引入现代管理理念和手段,优化就餐流程,提高就餐效率,降低师生等餐、就餐的时间成本。积极应用移动互联网、大数据等新技术,为师生提供智慧化、便捷化的餐饮服务体验。

(三)餐饮成本与价格控制

高校餐饮成本与价格控制是高校学生管理工作中一项重要而复杂的任务。它不仅关系到学生的基本生活保障,也影响着高校的育人环境和办学声誉。随着高等教育的不断发展和学生需求的日益多样化,如何在保证餐饮质量的同时,兼顾学生的经济承受能力,实现成本与价格的合理平衡,已成为高校面临的一大挑战。

从成本控制的角度来看,高校餐饮部门需要在食材采购、菜品设计、烹饪流程等各个环节严格把关,最大限度地降低运营成本。这要求餐饮管理人员具备专业的营养学和烹饪技术知识,能够根据不同食材的营养价值和季节特点,合理搭配菜品,避免浪费。还要建立严格的食材采购和库存管理制度,与供应商建立长期稳定的合作关系,争取最优惠的价格。在烹饪过程中,也要不断优化操作流程,提高劳动生产率,降低人力成本。

从价格管理的角度来看,高校餐饮部门要在保证合理利润的同时,最大限度地满足学生的需求。这需要综合考虑学生的消费能力、用餐习惯等因素,灵活制订价格策略。例如,可以在保证基本菜品价格稳定的同时,适当推出一些高端菜品,满足不同学生的多元化需求;可以根据用餐时段的不同,实行弹性定价,鼓励学生错峰就餐,缓解高峰时段的排队压力。还要加强与学生的沟通,通过满意度调查、座谈会等方式,及时了解学生的反馈和建议,不断提高服务质量。

在成本控制和价格管理的过程中,信息化手段的运用也不容忽视。通过建立食材采购、库存管理、销售统计等信息系统,高校餐饮部门可以更加精细化地掌控成本,动态调整菜品价格。学生也可以通过手机 APP 等渠道,实时了解菜品信息,进行在线点餐、支付,享受更加便捷、高效的用餐体验。

三、健康与医疗服务

(一)校园健康促进活动

校园健康促进活动是高校学生健康教育与促进的重要载体。这些活动不仅能够传播健康知识,培养学生健康行为和生活方式,还能提高学生的健康素养,促进其身心全面发展。在设计与实施校园健康促进活动时,必须立足学生实际需求,遵循健康教育规律,创新活动形式与内容。

从内容设计上看,校园健康促进活动应突出针对性和实效性。当前,学生面临诸多健康问题,如体质下降、心理压力大、不良生活习惯等。针对这些问题,高校可以开展形式多样的健康教育活动,如体质监测、心理健康讲座、营养膳食指导等。这些活动要紧密结合学生的学习生活实际,提供切实可行的指导和帮助,满足学生在健康知识、行为、技能等方面的需求。活动内容还应体现全面性和均衡性，涵盖身体、心理、社会适应等各个维度，引导学生树立正确的健康观念，养成良好的健康行为习惯。

从组织形式上看，校园健康促进活动应注重参与性和互动性。传统的健康教育往往以说教为主，学生被动接受知识灌输，缺乏参与热情。而新型健康促进活动强调学生的主体地位，鼓励其积极参与、体验感悟。高校可以通过举办健康知识竞赛、征文比赛、情景剧表演等活动，调动学生参与的积极性。在活动中，高校还应注重与学生互动交流，启发其进行独立思考和讨论，引导其内化健康行为，提升自我管理、自我促进的意识和能力。

从保障机制上看，校园健康促进活动应强调系统性和持续性。健康教育不是一蹴而就的，需要高校各部门通力合作，形成工作合力。教务处、学工处、后勤处、团委等部门要建立健康促进工作的协调机制，整合资源，优化方案，为活动开展提供人力、物力、财力等方面的保障。高校还要构建长效机制，将健康教育融入日常教育教学和管理服务中，加强与专业机构、社区卫生服务中心的合作，为学生提供及时、便捷的健康指导与帮助。

(二)医疗服务可及性与效率

校园医疗机构是保障高校师生身心健康的重要阵地，其服务可及性和运作效率直接影响着师生的就医体验和健康状况。当前不少高校医疗机构在服务有效性和运作效率方面存在一些不足，亟须进一步改进和提升。

从服务有效性的角度来看，高校医疗机构需要在硬件设施和软件建设两个方面下功夫。一方面，要加大对医疗设备的投入力度，引进先进的诊疗仪器，改善就医环境，为师生提供优质的医疗保障。另一方面，要注重医务人员的培训和素质提升，提高其专业水平和服务意识，真正做到以患者为中心，满足师生多层次、多样化的医疗需求。高校医疗机构还应加强与校内外医疗资源的整合，积极开展医疗协作，拓宽服务渠道，确保师生在病情较重时能够得到及时有效的救治。

从运作效率的角度来看，高校医疗机构应着力优化内部管理流程，提高资源配置效率。这要求高校医疗机构建立科学规范的管理制度,明确岗位职责,优化业务流程,减少冗余环节,提高工作效率。还要积极引入信息化管理手段,充分利用互联网、大数据等现代技术,推进智慧医疗建设,实现医疗服务的精准化、个性化。例如,开发移动就医 APP,实现在线预约、挂号、缴费等功能,方便师生就医;建立电子健康档案,实现医疗信息的共享和互通,减少重复检查,提高诊疗效率;运用大数据分析,准确把握师生健康状况,开展针对性的健康教育和疾病预防。

四、学生日常生活问题解决机制

(一)问题识别与反馈系统

学生生活问题的及时发现与有效反馈是高校学生管理工作的重要环节。学生在校园生活中难免会遇到各种各样的问题,如学习困难、人际关系不融洽、心理压力大等。这些问题如果得不到及时发现和妥善处理,不仅会影响学生的学习和生活质量,还可能演变成更加严重的事态,给学生个人成长和高校教育教学工作带来负面影响。建设高效的学生生活问题反馈与响应机制,已成为现代高校学生管理工作的迫切需求和必然选择。

构建多元化的问题识别渠道是提高反馈效率的基础。传统的学生问题反馈主要依靠学生主动求助和教师被动发现,存在反馈不及时、覆盖面不广等局限。为了克服这一不足,高校应充分利用现代信息技术手段,为学生搭建更加便捷、高效的反馈平台。例如,开发学生在线问题反馈系统,鼓励学生通过网页或手机 APP 随时随地反映自身遇到的困难;在学生宿舍、教学楼等重点场所设置意见箱,定期收集学生的意见和建议。此外,辅导员、班主任等学生工作者要深入学生群体,通过谈心谈话、问卷调查等方式主动发现学生存在的问题。

完善问题分类与流转机制是提高反馈质量的关键。学生反映的问题五花八门,涉及学习、生活、心理、人际关系等诸多方面。如何在第一时间对收集到的问题进行科学分类、准确定位,并交由相关部门和人员进行处理,是问题反馈机制能否有效运转的关键所在。对此，高校应制订明确的问题分类标准和处理流程，建立"分级负责、分类施策、条块结合"的工作机制。例如，对于学习方面的问题，可交由学业导师进行个性化的学习指导；对于心理方面的问题，要及时转介给心理咨询中心，提供专业的心理疏导；对于突发性、危机性事件，要启动应急预案，由相关部门协同处理。

注重问题的源头治理是提高反馈针对性的必由之路。从根本上讲，既要善于发现和处理学生存在的具体问题，也要注重从源头上预防问题的发生。这要求高校在搭建反馈渠道、健全处理机制的基础上，主动分析、研判问题产生的深层次原因，有针对性地开展教育引导和环境治理。一方面，针对反馈渠道中反映集中的共性问题，有计划地开展专题教育活动，提升学生自我管理、自我教育的意识和能力。另一方面，认真梳理、评估学校管理和服务中存在的突出问题，并进行有针对性的整改，不断优化育人环境，为学生健康成长创造良好条件。

（二）解决方案的设计与实施

针对学生日常生活中的常见问题，高校学生管理工作者需要从学生的实际需求出发，设计切实可行的解决方案。这既需要高校学生管理工作者具备敏锐的洞察力和同理心，又需要其掌握系统思考和创新解决问题的能力。

首先，高校学生管理工作者应深入学生群体，通过问卷调查、访谈座谈等方式，全面了解学生在生活中遇到的实际困难和潜在需求。例如，针对学生普遍反映的宿舍网络不稳定问题，高校学生管理工作者可以组织技术人员排查网络设施，并协调运营商优化校园网络环境，从根本上解决网络质量问题。

其次，解决方案的设计应坚持以学生为中心的理念，充分尊重学生的主体地位和能动性。要让学生参与到方案的制定和实施中来，鼓励他们提出建设性意见，形成高校学生管理工作者与学生良性互动、协同育人的工作氛围。例如，针对学生食堂菜品改进问题，高校学生管理工作者可以定期举办学生代表品鉴会，广泛征求学生对菜品口味、营养搭配的意见，并根据反馈动态调整食谱，提升学生的餐饮满意度。

再次，解决方案应体现系统性和创新性思维。学生的生活问题往往不是孤立存在的，而是与其学习、心理、人际关系等方面密切相关。高校学生管理工作者在设计解决方案时，要立足全局，统筹兼顾，注重问题的综合治理。同时，要勇于突破思维定式，引入新理念、新技术、新模式，不断提高工作的科学化、精细化水平。例如，针对学生生活垃圾分类习惯养成问题，高校学生管理工作者可以引入"互联网+垃圾分类"的智慧化解决方案，通过设置智能回收箱、开发垃圾分类 APP 等方式，利用信息化手段引导和督促学生养成良好习惯。

最后，解决方案的实施应注重过程管理和动态优化。方案在付诸实践的过程中，往往会遇到新情况、新问题，需要管理者及时跟进反馈，灵活调整方案，确保解决问题的实际成效。例如，在推行宿舍卫生公约的过程中，高校学生管理工作者应通过定期宿舍检查、随机抽查等方式，监督公约的执行情况，并根据实际效果动态修订公约内容，不断提升学生自我管理能力，使其自觉养成卫生习惯。

（三）日常问题与紧急情况处理

区分学生日常问题与紧急情况，妥善处理不同类型的生活困扰，是高校学生管理工作的重要内容。学生在校园生活中不可避免地会遇到各种问题和困惑，有些属于日常生活中的小问题，如室友关系不和谐、作息时间不规律等，有些则属于紧急情况，如突发疾病、心理危机等。作为高校学生管理工作者，需要准确识别不同问题的性质和严重程度，采取针对性措施。

对于学生的日常生活问题，高校学生管理工作者要本着尊重、关爱的态度，耐心倾听学生诉求，深入了解问题的成因，给予必要的指导和帮助。例如，对于室友矛盾，可以通过谈心交流、调解等方式化解矛盾，增进彼此理解；对于生活作息不规律，可以引导学生合理安排时间，养成良好的生活习惯。在处理这些问题时，要充分尊重学生的主体地位，鼓励其独立思考、自主解决问题，培养其自我管理、自我约束的能力。

对于学生遇到的紧急情况，高校学生管理工作者要高度重视，迅速采取行动。一方面，要及时了解情况，准确评估问题的严重程度，必要时寻求专业力量介入。另一方面,要给予学生及时的人文关怀和心理支持,稳定其情绪,消除其恐慌感和无助感。例如,对于突发疾病的学生,要及时送医就诊,同时通知家长,让学生感受到来自学校和家庭的温暖;对于出现心理危机的学生,要立即请求心理咨询师或专业人员介入,评估其自杀风险,制订干预方案,确保学生生命安全。

第三节 高校学生社团与活动管理

一、高校学生社团的注册与监督评审

(一)标准化注册流程

建立标准化的注册流程是高校学生社团管理的重要基础。一个科学、规范的社团注册流程能够有效规避随意性和盲目性,确保社团的健康有序发展。在制订注册流程时,高校学生管理工作者应充分考虑高校实际情况,借鉴优秀高校的成功经验,设计切实可行的操作方案。

首先,社团注册流程应明确社团的宗旨和活动范围。学生在提交社团注册申请时,需要详细阐述社团的成立目的、拟开展的活动类型、预期达成的目标等关键信息。这一环节有助于高校全面了解社团的性质和发展方向,判断其是否符合高校的育人理念和管理要求。对于宗旨不明确、活动范围模糊的社团,高校可以要求其进一步完善相关内容,以确保社团运作的针对性和有效性。

其次,社团注册流程应对社团的组织架构和人员配置提出明确要求。一个运作良好的社团需要有合理的内部分工和职责划分,如会长、副会长、秘书长、财务负责人等。高校可以根据社团的类型和规模,设定不同的人员配置标准。为了保证社团骨干的素质和能力,高校还可以对其任职条件进行规定,如学业成绩、综合素质评价等。

再次,社团注册流程应包括指导教师的遴选和聘任机制。指导教师在社团

发展中发挥着重要的引领和监督作用,是高校实施社团管理的重要抓手。高校应根据社团的专业特点,从相关学科的教师队伍中择优选聘指导教师。在遴选过程中,既要重视教师的学术专长和实践经验,也要考察其责任心和奉献精神。此外,高校还应建立指导教师的培训和评估制度,定期开展业务指导和绩效评价,促进指导教师的成长和发展。

最后,社团注册流程应明确社团活动的审批和监管机制。为防止社团活动偏离正确轨道,高校需要对社团活动进行全过程监管。在活动审批阶段,社团应提交详细的活动方案,包括活动主题、时间地点、参与人员、经费预算等,供高校相关部门进行审核。对于未经审批或与申报内容不符的活动,高校有权予以制止或取消。在活动实施阶段,高校也应建立定期检查和随机抽查机制,及时发现和解决社团活动中存在的问题。

(二)持续监督与评审

持续监督与评审是确保高校学生社团活动质量和发展方向的重要保障。社团活动作为高校第二课堂的重要组成部分,在丰富校园文化生活、培养学生综合素质方面发挥着不可替代的作用。然而,如果缺乏有效的监督和评审机制,社团活动很容易偏离正确轨道,甚至滋生不良倾向。高校学生管理工作者必须高度重视社团活动的持续监督与评审工作,以保证社团健康有序发展。

持续监督是社团活动质量保证的基础。监督工作应贯穿社团活动的全过程,包括活动策划、方案审批、过程管理、总结评估等各个环节。高校学生管理工作者要深入社团一线,通过平时观察、定期检查、随机抽查等方式,及时发现和纠正社团活动中存在的问题。还要完善社团管理制度,明确监督的内容、标准和程序,为监督工作提供制度保障。

定期评审是引导社团活动方向的关键。评审工作应本着科学性、公正性、导向性的原则,采取定性与定量相结合的方式,对社团的活动效果、成员表现、运作管理等方面进行全面考核。评审结果应作为社团等级评定、经费支持、场地安排等方面的重要依据,以正向激励引导社团活动朝着价值导向、育人导向的方向发展。同时,评审过程中要注重发现和总结社团工作的典型经验和特色做法,加以推广和宣传,发挥示范引领作用。

持续监督与定期评审相辅相成、缺一不可。在实践中,高校要因地制宜、探索创新,建立健全覆盖全过程、多维度的社团活动质量监控体系。一方面,要发挥学生骨干和指导教师的主体作用,通过自我管理、自我监督提高社团工作水平;另一方面,要整合校内外资源,借助信息化手段,提升监督评审工作的科学性和有效性。

二、社团活动的组织与实施管理

(一)活动策划原则与步骤

活动策划是社团活动组织与实施管理中的关键环节,对于确保社团活动目标明确、内容丰富具有决定性作用。科学、合理的活动策划能够有效提升社团活动的针对性和实效性,激发社团成员的参与热情,推动社团健康持续发展。

活动策划应遵循目标导向、需求导向、资源导向等基本原则。活动策划必须服务于社团的总体发展目标,紧密结合社团的定位、特色和优势,制订切实可行的活动方案。活动策划要立足社团成员的实际需求,充分考虑其兴趣爱好、能力水平、时间精力等因素,设计出贴近生活、贴近实际的活动内容。活动策划还应充分利用社团内外部的各种资源,包括人力、物力、财力、信息等,最大限度地为活动开展提供支持和保障。

活动策划的具体步骤包括确定活动主题、明确活动目标、设计活动方案、准备活动资源、组织活动实施、评估活动效果等。在确定活动主题时,要紧扣社团的核心价值追求,体现社团的文化内涵和精神风貌。活动目标既要具体、可测,又要富有挑战性,以激发社团成员的进取意识和奋斗精神。活动方案的设计要突出创新性和吸引力,采用灵活多样的活动形式,如主题沙龙、知识竞赛、技能培训、社会实践等,满足社团成员多层次、多样化的发展需求。在准备活动资源时,要统筹兼顾,合理配置,避免出现资源浪费或供需失衡的问题。活动实施过程中,要加强组织领导和过程管控,确保活动有序开展、圆满完成。活动结束后,应及时开展效果评估,总结经验教训,为后续活动策划提供参考和借鉴。

(二)活动资源配置与利用

高校学生社团活动资源的合理配置与有效利用是确保社团活动顺利开展、实现预期目标的关键。面对社团活动形式多样化、参与人员广泛化、组织管理复杂化的新形势,高校学生社团管理者需要审时度势,创新理念,优化资源配置,最大限度地发挥现有资源的效用,为社团活动的蓬勃发展提供强有力的支撑。

1. 资源配置

资源配置的首要任务是明确社团活动的核心诉求和发展方向。不同类型、不同主题的社团活动对资源的需求各不相同。例如,学术型社团活动可能更注重专家讲座、学术沙龙等形式,需要配置相应的场地、设备和经费,而体育型社团活动可能更侧重体育场馆、器材的使用,以及相关教练、裁判的聘请。

在明确资源需求的基础上,社团管理者要全面盘点可利用的资源,包括物质资源、人力资源、信息资源等。物质资源涵盖活动场地、设备、经费等有形资源;人力资源包括指导教师、社团骨干、志愿者等;信息资源涉及社团活动的宣传推广渠道、合作伙伴等。

资源配置的优化离不开科学合理的规划。社团管理者要立足社团发展的长远目标,兼顾当前活动的现实需求,在时间和空间上对资源进行统筹安排。例如,某高校环保社团在开展植树节主题活动时,前期需要投入大量人力物力进行场地选择、苗木采购、宣传动员等工作,活动当天需要合理调配志愿者,分工协作,确保活动流程顺畅。事后,还需要对活动成效进行评估总结,并对后续的资源配置进行动态调整。

资源配置的优化还应注重校内外资源的有效整合。高校学生社团不是孤立存在的,它与高校的整体发展、社会的需求息息相关。社团管理者要主动跨越部门和高校的边界,积极寻求合作,争取更多的外部资源支持。例如,在举办大型公益活动时,社团可以与校内其他部门协调,利用高校的宣传平台扩大影响;可以与校外公益组织、企业等建立战略合作关系,获取资金、物资等赞助。

2. 资源利用

除了资源的优化配置,资源的充分利用也至关重要。

社团管理者要树立资源节约意识,杜绝浪费现象的发生。例如,在购置活动物资时,要根据实际需求估算数量,提高利用效率;在印制宣传材料时,要充分利用新媒体平台,减少纸质资源的消耗;在使用场地、设备时,要制订严格的管理制度,延长其使用寿命。

创新是提高资源利用效率的重要手段。面对有限的资源,社团管理者要敢于突破常规思维,探索新的活动形式和资源利用模式。例如,在经费紧张的情况下,社团可以尝试与校内外机构合作举办活动,实现资源共享;在场地受限的情况下,社团可以充分利用网络平台,开展线上互动交流;在人力资源不足的情况下,社团可以采取项目化运作方式,吸引更多学生参与。

优质的资源利用需要科学的管理制度作保障。社团管理者要根据活动实际,建立健全各项规章制度,规范资源使用行为。例如,要建立严格的财务管理制度,确保经费使用的合理性和透明度;要建立完善的物资管理制度,明确物资的购置、登记、使用流程;要建立系统的人力资源管理制度,加强骨干培养和梯队建设。

三、社团活动的支持与指导

(一)物资与财务支持

高校学生社团活动开展得成功与否,很大程度上取决于高校能否提供必要的物资和财务支持。社团活动作为高校第二课堂的重要组成部分,对于丰富校园文化生活、培养学生综合素质具有重要意义。然而,社团活动的组织和实施往往需要一定的物质基础和经费保障,这需要高校在人力、物力、财力等方面给予必要的支持。

从物资支持的角度来看,高校应为社团活动提供必要的场地、设施和器材。很多社团活动需要专门的活动场所,如舞蹈社团需要舞蹈室,乐器社团需要排练室,体育社团需要运动场等。高校应根据社团的性质和需求,合理调配和安排校内资源,为社团活动的顺利开展创造必要的硬件条件。高校还应根据社团发展的需要,适时添置和更新活动所需的各种设施设备,如音响、灯光、投影仪等,提升社团活动的品质和吸引力。

从财务支持的角度来看,高校应为社团活动提供适当的经费保障。组织社团活动往往需要一定的资金投入,如印制宣传品、购买活动材料、邀请专家学者授课等,这些开支需要学校的财务支持。高校可以设立专门的社团活动基金,根据社团的规模、活动计划、预期效果等因素,合理分配资金。高校还应指导和监督社团的财务管理,确保经费使用的合理性、规范性和有效性。

(二)指导员培训

社团指导员是高校学生社团管理中不可或缺的重要角色,其专业素养和指导能力直接影响着社团的健康发展和学生的全面成长。为了充分发挥社团指导员的引领和服务功能,提升其在社团管理中的能力,高校应积极开展社团指导员培训,着力打造一支政治素质过硬、业务能力精湛的高素质指导员队伍。

社团指导员培训应立足高校学生社团发展的实际需求,科学设计培训内容和方式。一方面,培训应注重社团指导员思想政治素质的提升,引导其树立正确的世界观、人生观和价值观,坚定社会主义核心价值观,增强"四个意识"、坚定"四个自信"、做到"两个维护",始终成为学生健康成长的引路人。另一方面,培训应着眼于社团指导员业务能力的全面提升,围绕社团管理的各个环节,系统传授管理知识和指导技巧。

社团指导员培训可以从以下几个方面入手。一是加强理论学习,深化对社团工作规律和学生成长特点的认识,掌握社团管理的基本原理和方法;二是开展经验交流,邀请优秀社团指导员分享工作经验和心得体会,搭建互学互鉴的平台；三是强化实践锻炼，通过案例分析、情景模拟等方式，提升社团指导员发现问题、分析问题、解决问题的能力；四是鼓励创新探索，支持社团指导员立足社团实际开展特色工作，不断优化社团管理模式和育人机制。

此外，高校还应完善社团指导员培训的制度保障，将培训纳入社团指导员日常管理和考核体系，建立健全培训需求调研、培训效果评估等工作机制，不断提高培训的针对性和实效性。同时，高校应加大经费投入，为社团指导员培训提供必要的物质支持，营造良好的培训环境和氛围。

（三）社团交流与分享平台

建立社团之间的交流与分享平台是促进高校不同社团间互动与学习的重要举措。社团作为高校校园文化的重要载体，在丰富学生课余生活、培养学生综合素质方面发挥着不可替代的作用。然而，由于学科背景、兴趣爱好的差异，各社团之间往往存在壁垒，缺乏有效的沟通与合作。这不仅限制了社团自身的发展，也不利于校园文化的繁荣与进步。

从知识层面来看，社团交流与分享平台有助于促进不同学科背景的社团之间开展学术对话。通过举办学术沙龙、研讨会等活动，鼓励不同社团的成员分享各自领域的前沿动态和研究成果，既能拓宽学生的学术视野，又能激发学生跨学科研究的灵感。这种知识的交流与碰撞还能促进社团成员批判性思维和创新能力的培养，为学生的全面发展提供助力。

从能力层面来看，社团交流与分享平台是培养学生组织协调能力、沟通表达能力的重要途径。在筹备和开展交流活动的过程中，学生需要与不同社团的成员协调时间、场地、流程等各项事宜，这对其组织管理能力提出了更高要求。在交流活动中，学生需要清晰、有效地表达自己的观点，回应他人的质疑，这有助于提升其语言表达和逻辑思辨能力。

从情感态度层面来看，社团交流与分享平台有利于增进不同社团成员之间的相互理解和认同。在交流互动的过程中，学生能够更多地了解彼此的兴趣爱好、价值追求，体会到不同社团的独特魅力。这种情感体验不仅能够消除成见和偏见,促进校园和谐,也能激发学生对社团活动的热情,增强其归属感和认同感。

四、社团活动的评估与激励

(一)科学合理的评估标准

建立科学合理的评估标准是提高高校学生社团活动质量和效果的重要基石。传统的社团活动评估往往流于表面,过于注重活动的形式和规模,忽视了活动的内容和效果。这种评估方式难以全面、客观地反映社团活动的真实水平,也无法为社团发展提供有效指导。高校学生管理工作者应系统梳理社团活动的关键要素,构建多维度、可量化的评估指标体系,对社团活动效果进行科学评价。

评估指标体系的构建应坚持目标导向、问题导向和结果导向相统一的原则。一方面,评估指标要紧密对接社团活动的育人目标,重点考察活动对学生综合素质和能力培养的促进作用。例如,评估指标可包括活动主题的思想性、教育性,活动形式的创新性、互动性,活动内容的丰富性、实效性等。另一方面,评估指标应聚焦社团活动中存在的突出问题,有针对性地设置考核项目。例如,针对部分社团活动形式单一、内容浮浅的问题,可设置"活动形式创新度、活动内容深度"等指标;针对社团活动过程管理不到位、风险防控不力的问题,可设置"活动方案完备性、应急预案可行性"等指标。评估指标体系还应注重活动效果的考核,通过学生参与度、满意度等直观数据来评判活动质量。

在明确评估指标后,高校学生管理工作者应进一步细化各指标的评估标准,赋予科学的评分规则和权重,形成一套可操作、可复制的量化评估方案。例如,对"活动主题思想性"这一指标,可根据活动主题与社会主义核心价值观的契合度、与学校育人目标的符合度等具体项目进行评分;对"学生参与度"这一指标,可按照参与学生数占社团总人数的比例设置不同的分值区间。

(二)定期与不定期的社团评比

定期与不定期的社团评比活动是提高高校学生社团活力、激发学生参与热情的有效途径。通过科学设计评比指标体系，可以引导社团不断改进管理模式，优化活动方案，提高服务质量。评比过程也为学生提供了一个展示才华、锻炼能力的平台，有利于促进其全面发展。

在设计社团评比指标时，应充分考虑社团活动的多样性和学生成长的多元需求。一方面，评比指标要涵盖社团活动的各个方面，如活动主题的时代性和教育性、活动形式的创新性和吸引力、活动过程的组织性和规范性、活动效果的满意度和影响力等。通过全面考察社团工作，可以推动其不断完善和进步。另一方面，评比指标应体现以学生发展为中心的理念。除了考察社团活动本身的水平，还要关注学生在参与过程中的收获和成长，如能力的提升、素质的养成、情感的升华等。

开展社团评比活动，还需要建立科学合理的评价机制。评价主体应包括学生、教师、社团指导老师等多方代表，形成多元评价、多方参与的格局。评价方式可以综合运用学生自评、同伴互评、教师点评等多种形式，全面客观地反映社团状况。评比结果既要用于表彰先进、树立榜样，也要用于诊断问题、改进工作，形成以评促建、以评促改的良性循环。

（三）奖励与激励机制

设立科学合理的奖励与激励机制是推动高校学生社团健康发展的重要举措。奖励与激励机制能够充分调动学生参与社团活动的积极性，激发其主动性和创造性，营造良性竞争的社团发展环境。

在设计奖励与激励机制时，高校应注重量化考核指标的设置，建立科学的社团评估体系。例如，可以从社团活动的数量、质量、影响力等维度入手，制订明确、可操作的考核标准。同时，评估过程应遵循公平、公正、公开的原则，采取定期与不定期相结合的方式，全面、客观地评价社团的工作成效。

在奖励方面，高校可以设置不同层次、不同类型的奖项，既包括对优秀社团的整体表彰，也包括对优秀个人的单项奖励。奖励形式可以多样化，如颁发荣誉证书、授予称号、提供经费支持、开展交流培训等。对于特别突出的社团和个人，还可以推荐参评校级、省级乃至国家级的相关奖项,扩大其示范效应和影响力。奖励不应仅局限于物质层面,也要重视精神激励。高校可以通过表彰大会、宣传报道、经验分享等方式,营造崇尚先进、学习先进的良好氛围,激发广大学生投身社团工作的热情。

在激励方面,高校应建立健全社团骨干的选拔、培养、发展机制。对于表现优异的社团骨干,可以通过组织能力培训、学习考察、交流任职等方式,提高其管理水平和领导力,并为其提供更广阔的发展平台。同时,鼓励社团骨干在工作实践中锻炼成长,积极承担重要任务,参与重大项目。对于有发展潜力的新生力量,也要注重及时发现和培养,通过"传帮带"等机制,帮助其尽快成长为社团发展的生力军。

第四节 高校学生安全管理

一、学生安全管理体系的构建与完善

(一)概念界定与系统要素

学生安全管理体系是高校管理工作的重要组成部分,对于保障学生生命财产安全,维护高校稳定,促进学生健康成长具有重要意义。构建科学、高效的学生安全管理体系,需要准确把握其基本概念和必要组成要素。

学生安全管理体系是指学校为保障学生生命财产安全,预防和处置各类安全事故,通过制度建设、组织管理、教育引导等手段,建立起的一整套规范化、常态化的工作机制。它涵盖了安全管理的各个领域,如校园安全、实验室安全、宿舍安全、交通安全、消防安全、食品安全、网络安全等,体现了安全管理工作的系统性和综合性。

从组成要素来看,学生安全管理体系主要包括安全管理制度、组织保障、安

全教育、风险防控、应急处置等方面。安全管理制度是基础,它规定了高校各部门、各岗位在安全管理中的职责分工和工作流程,为安全管理工作提供了基本遵循。组织保障是关键,高校应成立专门的安全管理委员会或领导小组,负责统筹协调、督促检查各项安全管理措施的落实情况。安全教育是核心,高校要通过多种形式增强学生安全意识,普及安全知识,提升学生自我保护能力。风险防控是重点,高校要建立完善的安全隐患排查治理机制,采取针对性措施,消除安全隐患,将安全风险降到最低。应急处置是保障,高校应制订完善的应急预案,定期开展应急演练,提升高校处置突发安全事件的能力。

学生安全管理体系是一个动态的、开放的系统,它需要与时俱进,不断完善。一方面,要根据高校发展的新形势、新要求,及时修订完善安全管理制度,创新工作机制和方法。另一方面,要加强与公安、消防、交通等部门的工作协同,借助社会资源和力量,形成安全管理的合力。还要注重发挥学生主体作用,通过校园文化建设、志愿服务等途径,引导学生自觉参与到安全管理中来,提高安全管理的针对性和实效性。

(二)流程设计与管理策略

学生安全管理体系的流程设计与管理策略是高校构建有效安全管理机制的关键所在。一个科学合理的学生安全管理流程能够明确各环节的职责分工,优化资源配置,提高管理效率,从而为学生营造安全、稳定、有序的校园环境。

流程设计的首要任务是厘清安全管理的主要环节和关键节点。学生安全管理流程可以分为风险识别、预防控制、应急处置、总结评估等环节。在风险识别阶段,高校要全面收集校园安全隐患信息,运用专业的风险评估工具,判断风险发生的可能性和危害程度。在预防控制阶段,高校要根据风险评估结果制订针对性的防控措施,落实安全管理制度,开展安全教育培训,从源头上降低安全事故发生的概率。在应急处置阶段,高校要建立完善的应急预案体系,明确应急响应流程,提升突发事件的处置能力。在总结评估阶段,高校要及时回顾安全管理工作,总结经验教训,持续优化管理流程,形成"策划—执行—检查—改进"的闭环管理模式。

在流程设计的基础上,高校需要采取一系列管理策略来保证安全管理工作的有效实施。首先,高校要建立健全的安全管理组织体系,明确校、院、班三级安全管理网络的职责权限,形成纵向到底、横向到边的工作格局。其次,高校要加强安全管理队伍建设,配备专职安全管理人员,提升其业务能力和职业素养。再次,高校要提高安全管理的信息化、智能化水平,利用大数据、人工智能等新技术手段,提高安全管理的精准性和时效性。最后,高校要注重安全管理的社会参与,加强与相关部门、公安机关、家长等各方主体的沟通合作,形成学校、家庭、社会协同育人的大安全格局。

(三)持续改进与创新

持续改进与创新是学生安全管理体系完善的重要途径。在实践中,高校应建立自我评估机制,定期对安全管理工作进行全面梳理和反思。通过收集师生反馈、开展满意度调查、组织专题研讨等方式,深入分析体系运行中存在的问题和不足,查找管理流程中的薄弱环节。高校还应积极借鉴先进经验,学习优秀案例,将先进理念和成功做法融入自身的安全管理实践中。

创新是推动学生安全管理体系不断完善的动力源泉。面对日新月异的校园环境和学生群体,传统的管理模式和方法已难以完全适应新形势下的安全管理需求。高校应树立创新意识,勇于打破常规思维,探索符合自身特点的安全管理新模式。例如,运用大数据技术对学生行为进行分析,预测潜在的安全风险;开发智能化的校园安全管理系统,实现对学生出入、活动的实时监控;引入心理健康辅导机制,加强学生的心理疏导和危机干预。

持续改进与创新的过程需要全校上下的共同参与。高校应加强组织领导,成立专门的安全管理改进小组,明确改进目标和实施途径。领导干部要亲力亲为,深入一线了解情况,推动改进措施的落实。教职员工要积极配合,主动参与到改进和创新实践中,为优化安全管理建言献策。学生作为安全管理的对象,更应成为改进和创新的主体。高校要重视发挥学生的主体作用,鼓励学生参与安全管理的全过程,提出合理化建议,成为安全管理工作的宣传者、监督者和践行者。

二、校园安全风险评估与预防措施

(一)风险评估框架搭建

构建科学、有效的校园安全风险评估框架是保障高校师生生命财产安全、维护校园稳定的重要基础。风险评估作为安全管理的核心环节,直接关系到后续安全决策的科学性和针对性。高校作为人员密集、场所复杂的特殊区域,更需要建立起系统完善的风险评估体系,及时发现安全隐患,精准制订防控措施。

全面梳理潜在风险因素是搭建校园安全风险评估框架的首要步骤。高校安全风险具有多样性和复杂性,既包括自然灾害、事故灾难等传统安全风险,也涵盖校园欺凌、网络侵害等新型安全风险。在构建风险评估框架时,必须广泛收集各类风险信息,对可能影响师生安全的因素进行全面排查和系统分类。

科学设置风险评估指标是提升校园安全风险评估精准度的关键举措。风险评估指标是衡量风险水平高低的重要尺度,直接影响到评估结果的可靠性和权威性。在设置评估指标时,要坚持问题导向和需求导向,紧密结合高校办学特点、育人规律和师生实际需求,确保指标设置的科学性和针对性。还要注重定性分析与定量评估相结合,通过专家评判、数理模型等方式,提高指标设置的可操作性和精准度。

规范风险评估操作流程是保障校园安全风险评估规范有序开展的重要前提。风险评估是一项系统工程,涉及风险识别、风险分析、风险评价等多个环节,需要遵循严谨规范的操作程序。在开展风险评估工作时,要明确各环节的基本要求和关键控制点,细化具体实施步骤,确保评估过程的规范性和可追溯性。还要加强风险评估队伍建设,提升评估人员的专业素质和实践能力,切实把控评估质量。此外,还应建立风险评估的动态调整机制,根据校园安全形势的变化和新情况、新问题的出现,及时修正完善评估方案,以满足校园安全管理的新需求。

(二)预防策略制定与实施

校园安全风险预防要从源头抓起,制定科学预防策略。

首先,高校应建立健全的安全风险评估机制,定期开展全面的校园安全风险排查。通过对校园建筑、设施设备、人员活动等各个方面进行系统梳理,及时发现安全隐患,评估潜在风险等级。

其次,完善的制度建设是预防校园安全风险的重要保障。高校应根据自身实际,制订切实可行的安全管理制度,明确各部门、各岗位的安全责任,规范师生的安全行为。同时,建立健全的奖惩机制,对在安全工作中表现突出的个人和集体给予表彰奖励,对违反安全规定、造成安全事故的予以严肃处理。通过制度的硬约束,强化全员安全意识,营造良好的校园安全氛围。

最后,加强安全教育和培训是预防校园安全风险的有效途径。高校应将安全教育纳入教学计划,开设安全课程,普及安全知识。通过案例分析、情景模拟等生动形式,提升师生的安全意识和自我保护能力。定期组织应急演练,让师生掌握紧急情况下的正确处置方法,提升应对突发事件的能力。加强对安全管理人员的专业培训,提升其风险识别和处置能力,为校园安全织密织牢防护网。

(三)风险控制与监测机制

风险控制与监测机制是降低高校学生安全风险的关键所在。

建立科学、全面的安全风险评估体系,是实施有效风险控制和监测的前提。一方面,要基于高校实际情况,构建涵盖人员、设施、环境、管理等各方面要素的风险评估指标体系,做到评估内容全面覆盖,评估标准严谨可量。另一方面,要坚持定期与不定期相结合的评估机制,及时发现新情况、新问题,动态调整评估方案。

在风险评估的基础上,高校应针对性地设置风险控制点,强化过程监管。对于各类安全隐患,要从源头入手,采取切实有效的预防措施。例如,针对实验室危险化学品管理漏洞,可通过完善登记制度、加强储存管理等方式加以规避;针对消防安全短板,可通过开展消防设施检修、消防演练等举措予以弥补。此外,要加强对重点场所、重点人群、重点时段的安全监测,及时掌握风险动态,精准施策。

建立健全的安全风险监测预警机制也至关重要。要综合运用大数据、人工智能等现代信息技术手段,对学生的校园行为、心理状态等进行分析研判,对可能存在的安全隐患做到早发现、早预警、早处置。一旦发现异常情况,要第一时间启动应急预案,快速响应,将风险消除在萌芽状态。

三、应急处理机制的建立与实施

(一)应急预案制定

校园应急预案的制定是保障高校师生生命安全、维护校园秩序稳定的重要举措。面对各类突发事件的风险挑战,高校必须早做准备,通过科学系统的应急预案制订,提升应对突发事件的能力。

应急预案制定的首要任务是全面评估校园安全风险。高校应成立专门工作小组,通过问卷调查、实地考察、专家论证等方式,深入分析高校所处地理环境、周边社会环境、校园建筑布局等因素,识别可能引发突发事件的各类风险点。

在风险评估的基础上,高校要明确应急预案的指导思想和基本原则。预案制订应坚持"以人为本、预防为主、统一领导、分类管理、分级负责、属地为主"的原则,切实维护师生员工生命财产安全。同时,要本着科学性、针对性、可操作性的要求,分类制订防范自然灾害、事故灾难、公共卫生、社会安全等不同类型突发事件的预案。

应急预案的核心内容是构建完善的组织指挥体系。高校应成立由主要领导任总指挥,分管领导任副总指挥,相关职能部门负责人为成员的应急指挥机构。明确各级机构的职责分工,健全会商研判、信息发布、应急处置、后期恢复等工作机制。制订应急值守、信息报告、分级响应等具体工作流程,确保指挥高效、行动迅速、处置得当。

应急预案还应包含针对性的处置措施和保障条件。针对不同突发事件的特点,高校要制订详细的应急处置方案,明确校园封控、人员疏散、现场救援、医疗救治等具体措施。储备必要的应急物资装备,配备专业应急救援队伍。定期开展桌面推演、实战演练,增强预案的可操作性和实效性。

(二)应急响应流程与责任分配

应急响应流程与责任分配在高校学生安全管理中发挥着关键作用。科学合理的应急响应流程能够确保在突发事件发生时,各相关部门能够迅速有序地开展应急处置工作,最大限度地减少事件造成的伤害和损失。此外,明确的责任分配能够避免应急处置过程中出现推诿扯皮、相互掣肘的现象,提高应急响应的效率和效果。

构建高效的应急响应流程,需要遵循"预防为主、平战结合"的原则。在日常管理中,高校应加强安全隐患排查和预防工作,完善各类应急预案,定期开展应急演练,提升师生的安全意识和应急处置能力。一旦发生突发事件,高校应快速启动应急预案,组织相关部门和人员开展应急处置工作。应急响应流程通常包括事件报告、信息核实、启动预案、应急处置、后期恢复等环节。每个环节都应有明确的操作规程和时间要求,确保应急响应工作有序开展。

在应急响应过程中,还应建立统一指挥、分工协作的工作机制。高校应成立应急指挥中心,由主要领导担任总指挥,统一调度各方力量,协调指挥应急处置工作。同时,要明确各相关部门和人员的职责分工,如安全保卫部门负责现场控制和秩序维护,医疗卫生部门负责伤员救治,宣传部门负责信息发布和舆情引导等。各部门要各司其职、密切配合,形成合力,确保应急处置工作高效开展。

(三)应急演练与实战评估

应急演练是检验应急预案可行性、提升应急处置能力的重要手段。在高校学生安全管理工作中,定期开展应急演练不仅能够帮助师生熟悉应急流程,提升应对突发事件的能力,还能够找出应急管理中存在的问题和不足,为进一步完善应急预案、优化资源配置提供依据。

为了确保应急演练取得实效,高校应在前期做好充分准备。要成立由校领导、职能部门负责人、教师和学生代表组成的应急演练领导小组,全面负责演练的策划、组织和实施。在拟定演练方案时,要针对高校面临的安全风险和突发事件类型,设计符合实际、贴近学生生活的演练情景,并对参演人员的分工、演练流程、时间节点等进行详细规划。还要加强与公安、消防、医疗等部门的沟通协调,争取专业力量的支持和指导。

在演练过程中,领导小组要严格按照预案要求,组织指挥各参演单位有序开展工作。一方面,要突出重点,针对人员密集场所、重要基础设施等开展精细化演练;另一方面,要全面覆盖,确保每一名师生都能参与到演练中来,切实提升安全意识和自救互救能力。演练过程要尽可能模拟真实场景,营造紧张氛围,考验师生的心理承受力和应变能力。还要适时设置"不按套路出牌"的环节,锻炼师生临危不乱、灵活应对的能力。

在演练结束后,要及时组织"复盘"总结,系统梳理演练中暴露出的问题,深入分析原因,制订整改措施。要充分听取一线师生的意见建议,对应急预案进行动态完善,补充完善应急处置流程,优化人员配置和物资储备。要将演练中涌现出的先进典型和经验做法及时总结推广,激发师生参与应急管理工作的主动性和积极性。

四、学生安全教育与宣传活动的开展

(一)安全教育目标与内容

校园安全教育的目标是培养学生的安全意识、安全知识和自我保护技能,使其掌握必要的安全常识,提升自我防范能力,从而保障学生的生命安全和身心健康。这一目标的实现需要学校、家庭、社会多方面的共同努力。

从知识层面来看,安全教育应向学生传授基本的安全知识,包括交通安全、消防安全、用电安全、食品安全、网络安全等各个方面。通过生动、形象的案例分析和情景模拟,帮助学生深刻理解各种安全隐患的成因、表现和危害,掌握科学的预防措施和应对策略。安全教育还应引导学生关注社会热点问题,了解最新的安全形势和政策制度,增强其安全意识和法治观念。

从能力层面来看,安全教育要着力锻炼学生的安全技能和应急处置能力。通过定期开展安全演练,如消防疏散演习、地震逃生演练等,让学生熟悉各种突发事件的应对流程,掌握自救互救的基本方法。在日常教学中,教师可以设置各种安全情境,引导学生运用所学知识分析问题、制订对策,锻炼其独立思考和快速反应的能力。

从意识层面来看,安全教育要培养学生正确的安全价值观和责任意识。树立"安全第一、预防为主"的理念,引导学生自觉遵守各项安全规章制度,养成良好的安全行为习惯。还要加强学生的社会责任感,鼓励其主动参与校园安全管理,勇于制止和举报各种违规、违法行为,共同营造安全、和谐、有序的校园环境。

(二)宣传活动类型与形式

在校园安全宣传活动中,多层次、多渠道的宣传方式至关重要。不同类型的宣传活动能够满足不同学生群体的需求,实现全方位、无死角的安全教育覆盖。

讲座是校园安全宣传的重要形式之一。通过邀请安全领域的专家学者,就校园安全面临的新情况、新问题进行深入浅出的讲解,能够提升学生的安全意识和自我保护能力。讲座内容可涵盖防火防盗、交通安全、网络安全、心理健康等多个方面,帮助学生树立正确的安全观念,掌握必要的安全知识和技能。讲座形式多样,可采用案例分析、互动问答等方式,调动学生的参与热情,增强教育效果。

主题班会是深化校园安全教育的另一种有效途径。教师可结合学生的实际情况,围绕近期校园安全工作的重点,组织主题鲜明、内容丰富的班会活动。通过班会,学生不仅能够系统掌握安全知识,还能加强安全纪律和行为规范的自觉遵守。

安全知识竞赛是寓教于乐的校园安全宣传形式。设置有趣的竞赛项目,以个人、小组的形式开展角逐,能够充分激发学生学习安全知识的兴趣和热情。竞赛内容可涉及安全知识问答、案例分析、情景模拟等,全面考查学生对安全知识的掌握程度。

校园安全宣传栏、安全微信公众号、安全教育网站等载体,能够实现安全知识的广泛传播。宣传栏通过图文并茂的形式,直观呈现校园安全的基本常识和注意事项,让学生在校园生活的点滴中接受安全教育的熏陶。微信公众号推送及时、内容丰富,能够针对学生关注的安全话题,提供权威、可靠的安全资讯和教育内容。安全教育网站汇集了海量的安全教育资源,学生可以利用碎片化时间,自主学习与个人息息相关的安全知识,实现随时随地的安全教育。

(三)教育宣传活动效果评估

教育与宣传活动的效果评估是安全教育工作中的重要一环。它不仅能够检验教育宣传的成效,也能为后续工作的改进和优化提供依据。要科学评估教育宣传活动的效果,需要从多个维度入手,采取定性与定量相结合的方法。

从知识层面来看,可以通过问卷调查、知识竞赛等形式,考查学生对安全知识的掌握程度。这些评估手段能够直观地反映教育宣传活动对学生认知水平的提升效果。通过对比活动前后学生的知识水平变化,可以判断活动的针对性和有效性。

从能力层面来看,可以设置情景模拟、实操演练等环节,考查学生运用安全知识和技能的能力。在实践中,学生需要根据具体情境迅速做出判断和反应,这对其应变能力、处置能力提出了更高要求。通过评估学生在模拟场景中的表现,可以全面衡量其安全素养的提升效果。

从情感态度层面来看,可以通过日常观察、谈话交流等方式,了解学生的安全意识和价值取向。教育宣传活动不仅要传授知识和技能,也要引导学生形成正确的安全观念和责任意识。学生是否能够在日常生活中自觉遵守安全规范,是否能够主动关注身边的安全隐患,是评判活动效果的关键指标。

五、校园安全设施的建设与维护

(一)安全设施规划与设计

校园安全设施的规划与设计是保障师生生命财产安全、营造安全稳定育人环境的重要基础。科学合理的安全设施布局不仅能够有效预防和化解各类安全隐患,也能够为师生营造一个安心、舒适、便捷的工作学习环境。高校在进行安全设施规划与设计时,必须立足校园实际,遵循安全设施建设的基本原则,统筹兼顾、科学布局,全面提升校园安全风险防控能力。

首先,校园安全设施规划与设计要做到布局合理,功能完备。根据不同区域的安全防护需求,合理配置监控探头、警铃报警、消防设施、应急照明等安全设备,做到重点部位重点防护、薄弱环节加强管控。还要注重安全设施的系统性和完整性,构建起"纵向到底、横向到边、全域覆盖"的立体化安全防控网络。例如,在校园主要出入口、重点路段等关键地点设置高清监控,与周边警铃报警、紧急求助设施有机连接,实现可视化、智能化管理;在教学楼、实验室、宿舍等人员密集区,强化火灾、触电等安全隐患的排查治理,配备灭火器、消火栓等消防设施,定期开展安全检查和应急演练,确保一旦发生突发情况能够第一时间响应处置。

其次,安全设施的规划与设计要符合人性化、美观化的要求。在满足安全性能的基础上,还要考虑师生的实际使用需求和心理感受,力求将安全设施与校园环境巧妙融合,营造温馨、舒适、美观的空间氛围。例如,在校园绿化带、休闲区等区域设置紧急求助亭、一键报警柱,既方便师生及时获得救助,又能与周围自然环境相得益彰;推广安装感应式路灯、太阳能灯,不仅节能环保,还能为师生提供照明保障,带来安全、便利的夜间出行体验。

再次,安全设施的规划与设计要体现前瞻性和创新性。随着科学技术的飞速发展,新型安全设备不断涌现,智能化、信息化已成大势所趋。高校要紧跟时代步伐,积极引入先进技术和理念,不断优化完善安全设施体系。例如,利用物联网、大数据、人工智能等技术,建设智慧安全管理平台,实现对校园重点区域和关键设施的实时监测和动态管控;基于师生使用习惯,开发移动端安全信息推送、一键报警等应用功能,最大限度地方便师生获取安全服务。

最后,要加强安全设施的日常管理与维护。安全设施的投入使用需要制定完善的管理制度和操作规程,明确责任部门和人员,定期开展安全检查、维修保养和应急演练,确保各项设施设备始终处于良好的运行状态。还要注重发挥师生主体作用,通过多种形式开展安全教育和宣传,普及安全知识,传播安全文化,提升师生安全意识和自我防护能力,形成人人重视安全、人人维护安全的良好氛围。

(二)安全设施日常维护管理

校园安全设施的日常维护与管理是保障师生安全、维护教学秩序的重要基础。随着校园规模的不断扩大和功能的日益多样化,安全设施的种类和数量也在不断增加。如何有效地开展安全设施的日常维护与管理,已成为摆在高校面前的一项重要课题。

系统梳理安全设施的类型和功能是做好日常维护与管理的前提。当前,高校校园安全设施涵盖了消防设备、监控系统、报警装置、应急照明等多个方面。不同类型的安全设施在使用目的、工作原理、操作方法上都存在差异。高校必须深入研究每一类安全设施的特点,明确其在校园安全保障体系中的作用和地位。

建立健全安全设施的定期检查和维修制度是保证其正常运行的关键。安全设施长期处于户外环境中,易受到风吹日晒、雨淋侵蚀等自然因素的影响,导致其性能逐渐下降,甚至出现故障。一些精密的电子类设备也需要定期进行校准和维护,以保持其灵敏度和稳定性。高校应按照设备的使用说明和操作规范,制订切实可行的检查维修计划,明确检查的频次、内容和方法,并安排专人负责实施。

加强安全设施的使用培训和应急演练是提升师生安全意识和自救互救能力的有效途径。再先进的安全设施,如果使用者不懂得如何正确操作,也难以发挥其应有的作用。高校应定期组织师生参加安全设施使用培训,详细讲解各类设备的性能特点、使用方法和注意事项,提升其规范操作的能力。还要通过定期开展消防演习、疏散演练等形式的应急演练,锻炼师生在突发事件中的应变能力和自救互救技能。

(三)安全设施升级与技术创新发展

在新时代背景下,高校校园安全设施的升级与技术创新发展已成为维护师生安全、保障教学秩序的重要课题。随着科技的飞速发展,传统的安全设施已难以满足日益复杂的校园安全需求,亟须引入先进的技术手段,全面提高校园安全管理水平。

从物理安全角度看,高校应积极推进安防设施的智能化升级。传统的监控系统虽然能够实现校园区域的全覆盖,但其功能相对单一,难以应对突发事件的快速响应和有效处置。而智能化的监控系统可以通过人工智能算法实现异常行为的自动识别和预警,第一时间锁定潜在威胁,为安保人员的及时介入赢得宝贵时间。智能门禁系统的应用也能够有效管控人员进出,防范未经授权的闯入行为。通过生物识别技术,如人脸识别、指纹识别等,可以精准识别师生身份,杜绝冒名顶替等安全隐患。

从网络安全角度看,高校应高度重视信息化基础设施的安全防护。在"互联网+"时代,校园网络已成为师生学习、生活的重要载体,其安全性直接关系到学校的正常运转。针对日益频发的网络攻击和信息泄露事件,高校必须加强关键信息基础设施的安全防护,定期开展网络安全风险评估,及时发现和修复系统漏洞;建立完善的数据备份和灾难恢复机制,确保重要数据的安全性和可恢复性。加强网络安全意识教育,提高师生的防范意识和技能,也是构建网络安全防线的重要环节。

从应急处置角度看,高校应借助现代信息技术构建智慧应急管理平台。传统的应急处置方式往往依赖人工值守和电话通信,信息传递效率低,协同能力弱,难以应对突发事件的快速变化。而智慧应急管理平台可以实现多部门、多业务的协同联动,灵活调度各类资源,实现精准指挥和高效处置。通过物联网技术,平台可以实时感知校园环境变化,自动识别火情、水情等异常状况,第一时间启动预案流程。平台还可以整合视频监控、电子地图等多源数据,为应急指挥提供全景式的态势分析,辅助科学决策。

第四章 高校学生管理工作的创新发展

第一节 高校学生管理工作的信息化发展

一、信息化技术概述

(一)信息化技术在教育管理中的角色

信息化技术在教育管理中扮演着举足轻重的角色,它不仅为教育管理工作提供了强有力的技术支撑,也为教育管理决策提供了科学依据。随着大数据、人工智能等新兴技术的迅猛发展,信息化技术在教育管理中的应用日益广泛和深入,正在深刻改变传统的教育管理模式,推动教育管理工作朝着精细化、智能化的方向发展。

从管理效能的角度来看,信息化技术能够显著提高教育管理的效率和质量。传统的教育管理工作往往依赖人工操作,存在效率低下、差错率高等问题。而借助信息化技术,高校可以实现数据的自动采集、存储和处理,大大减少了人工操作环节,提高了工作效率。信息化技术还能够实现数据的实时监测和预警,帮助高校及时发现和解决问题,从而有效提高教育管理质量。例如,通过学生学业数据的实时分析,高校可以及时发现学业困难学生,并采取针对性的帮扶措施,防止学业问题的恶化。

从决策支持的角度来看,信息化技术为教育管理决策提供了海量的数据支撑和科学的分析工具。在信息化时代,教育管理工作产生了海量的结构化和非结构化数据,蕴含着丰富的教育管理规律和价值信息。通过数据挖掘、机器学习等技术手段,高校能够从海量数据中提炼出有价值的信息和知识,洞察教育管理

第四章 高校学生管理工作的创新发展

的内在规律,为科学决策提供依据。例如,通过对学生学业数据和教师教学数据的关联分析,高校可以发现影响学生学业表现的关键因素,进而优化教学管理策略,提高人才培养质量。

(二)信息化技术的发展趋势及意义

信息化技术的迅速发展正在深刻影响教育事业的各个方面,教育管理信息系统作为一个不可或缺的工具,在提高教育管理效率、优化资源配置、支持科学决策等方面发挥着日益重要的作用。教育管理信息系统经历了从单一功能到集成化、从封闭到开放、从支持事务性工作到支持管理决策的发展历程,呈现出系统化、智能化、网络化的发展趋势。

系统化是教育管理信息系统发展的基本趋势。早期的教育管理信息系统往往针对特定业务设计,如学籍管理、教务管理等,系统之间缺乏有效的数据交换和业务协同。随着教育管理工作的复杂化,单一的业务系统已无法满足实际需求。教育管理信息系统必须实现从单一功能向集成化转变,打破"信息孤岛",构建一个全面、系统、协同的数字化管理平台。这要求各业务系统在数据标准、接口规范等方面实现无缝对接,形成统一的数据中心,支撑跨部门、跨业务的协同工作。

智能化代表着教育管理信息系统的未来发展方向。随着人工智能、大数据等技术的快速发展,智能化已成为教育信息化的新趋势。在海量教育数据的基础上,运用机器学习、知识图谱等技术,教育管理信息系统能够"学会"自动完成数据处理、信息检索、预测预警等任务,大幅提高管理效率和质量。智能化的教育管理信息系统还能够为高校学生管理工作者提供精准的政策分析和决策支持,推动教育管理从经验型向科学型转变。

网络化反映了教育管理信息系统的开放性特征。在"互联网+"时代,教育管理已突破了校园的物理边界,呈现出开放、动态、协同的特点。教育管理信息系统必须实现从封闭到开放的转变,充分利用互联网技术构建一个网络化的管理平台。通过网络,高校可以实现跨地域的信息共享和业务协同,学生和家长也能够更便捷地参与教育管理过程。网络化还意味着教育管理信息系统需要与学校外部的信息系统实现互联互通,如与相关部门、科研机构等建立数据交换和业务协作机制。

二、信息化平台的建设与优化策略

(一)用户需求分析

用户需求分析是信息化平台建设的基石和灵魂。只有充分了解用户的实际需求,才能构建出高效、实用、易用的信息化平台。在高校学生管理工作中,学生是信息化平台的主要服务对象,他们的需求应得到优先考虑和满足。通过与学生进行深入交流和互动,高校可以全面、准确地了解学生在学习、生活、发展等方面的真实诉求,进而有针对性地设计平台功能和服务内容。

随着高等教育的大众化发展,学生群体呈现出多样化、个性化的特点。不同专业、不同年级、不同背景的学生,其需求和偏好也存在显著差异。在进行用户需求分析时,高校应采取分类调研的方式,深入细分不同学生群体,挖掘其独特需求。例如,可以通过问卷调查、访谈等方式,了解新生在适应高校生活方面的困惑,掌握毕业生在就业指导方面的期待,把握学生干部在自我提升方面的诉求。

用户需求是动态变化的,高校必须建立常态化的需求收集和分析机制。一方面,要定期开展全面的用户需求调研,全景式地呈现学生需求的总体状况和发展趋势;另一方面,要畅通学生反馈渠道,及时响应学生在平台使用过程中提出的意见和建议。

(二)平台设计原则

信息化平台的设计应始终遵循安全稳定和良好用户体验的原则。安全稳定是平台运行的基础和前提,没有安全稳定作保障,再好的功能设计也无从谈起。在平台构建过程中,必须采用成熟可靠的技术架构,严格遵循信息安全标准,从硬件、软件、网络等多个层面入手,构建起完善的安全防护体系。此外,还要建立健全的数据备份和灾难恢复机制,确保系统能够持续、稳定运行,最大限度地降低安全风险和故障损失。

良好的用户体验是吸引用户、提升平台价值的关键。设计人性化、美观友好的界面,优化操作流程,提供个性化服务,能够为用户创造舒适愉悦的使用感受。这要求平台在设计过程中坚持以用户为中心的理念,深入了解用户需求,运用交互设计、视觉设计等专业方法,不断迭代优化产品。通过精心设计的导航系统、清晰醒目的功能入口、合理的信息架构,引导用户快速找到所需内容,降低使用难度和学习成本。此外,还要注重细节设计,在色彩搭配、字体选择、图标设计等方面努力,塑造独特的视觉风格,传递产品理念和品牌形象。

(三)平台优化与升级

信息化平台的优化与升级是高校学生管理工作实现创新发展的重要举措。随着信息技术的迅猛发展和高等教育改革的不断深化,传统的学生管理模式已难以适应新时代人才培养的需求。持续改进信息化平台的服务性能,提升其针对性、实效性和创新性,已成为高校学生管理工作者的共识和努力方向。

系统整合与数据融合是优化信息化平台的基础。高校学生管理涉及学籍管理、学业管理、资助管理、就业指导等诸多方面,各项工作往往分散在不同部门和系统中,数据割裂、信息孤岛现象普遍存在。这不仅影响了管理效率,也难以支撑个性化、精准化服务,亟须打破数据壁垒,构建集中统一的数据中心,实现跨部门、跨系统的数据共享和业务协同。在数据汇聚的基础上,运用大数据分析、人工智能等先进技术,深度挖掘数据价值,形成多维度、全方位的学生画像,为精准管理和个性化服务提供数据支撑。

个性化服务与智能推荐是提升信息化平台服务质量的关键。传统的学生管理往往采用"一刀切"的模式,忽视了学生的个体差异和多元需求。而信息化平台为实现个性化服务提供了技术支撑。基于学生画像和行为分析,可以精准把握每一个学生的特点和需求,进而提供量身定制的学习指导、生涯规划、心理咨询等服务。借助智能推荐算法,信息化平台还能主动向学生推送个性化的学习资源、就业信息、创新创业项目等,最大限度地满足学生的成长需求。

移动应用与智能设备的普及为优化信息化平台创造了新的机遇。当代学生普遍采用移动设备获取信息,参与社交娱乐,这为高校学生管理工作提供了新的渠道。通过开发移动应用,信息化平台可以实现随时随地、无缝衔接的学生服务,让管理更加便捷高效。人脸识别、语音交互等智能设备的应用,也为创新服务模式提供了技术支撑。例如,通过人脸识别实现考勤签到、门禁管理,通过智能语音助手提供学业咨询、心理疏导等服务,不仅能够提高管理效率,也能增强学生体验,拉近师生距离。

三、信息化在提高管理效率中的作用分析

(一) 管理流程自动化

管理流程自动化在高校学生管理工作信息化发展中占据着重要地位。传统的学生管理工作往往依赖于人工操作,高校需要手动收集、整理和分析大量的学生信息,效率低下且易出错。而通过引入自动化技术,可以显著减少人工操作环节,加快数据处理速度,实现管理流程的优化和再造。

管理流程自动化的核心在于利用信息技术实现业务过程的标准化和规范化。通过对学生管理工作中的各项业务进行梳理和抽象,将其转化为一系列可执行的程序指令,实现管理流程的自动化运行。例如,在学生信息采集方面,可以利用数字化表单和智能终端设备自动采集学生基本信息、学籍信息、学业成绩等数据,无须人工录入和核对;在学生请假审批方面,可以设置标准化的审批规则和流程,学生提交请假申请后,系统自动进行审批,大大缩短审批时间;在学生资助评定方面,可以将学生家庭经济状况、学业表现等数据输入系统,通过预设的评定模型自动计算和生成资助名单,保证评定过程的公平公正。

管理流程自动化不仅能够减少人工操作,提高工作效率,还能够强化数据分

析和辅助决策功能。在传统的学生管理工作中,由于数据分散、格式不一,高校难以对海量数据进行及时、准确的分析挖掘。而通过管理流程自动化,可以将分散的数据进行集中存储和管理,运用大数据分析、数据挖掘等技术,多维度、动态地呈现学生群体的整体状况和个体特征。例如,通过对学生学业成绩数据进行智能分析,识别出学习困难的学生,为其提供针对性的帮扶;通过对学生违纪数据进行关联分析,找出违纪行为的关键影响因素,采取有针对性的教育和管理措施;通过对毕业生就业数据进行挖掘分析,为在校生的就业指导和人才培养方案优化提供决策支持。

(二)决策支持系统

决策支持系统作为高校学生管理工作信息化的重要组成部分,在提供精准信息、助力科学决策方面发挥着不可替代的作用。它通过收集、整合、分析各类学生数据,为高校提供全面、及时、准确的信息支撑,使其能够更加深入地洞察学生群体的特点和需求,进而制定出更加科学、合理的管理策略和措施。

决策支持系统主要通过以下几个方面来实现其功能。首先,它能够汇聚来自学籍管理、教务管理、学生活动、心理健康等多个维度的学生数据,形成一个庞大而丰富的数据库。这些数据涵盖了学生在校期间各个方面的表现和变化,为全面认识学生群体提供了坚实的基础。其次,决策支持系统内置了先进的数据挖掘和分析算法,能够从海量数据中发现隐藏的模式和趋势,揭示学生群体在学习、生活、心理等方面的普遍规律和个性特征。这些深度洞见有助于高校更加精准地把握学生的实际情况,预测其未来走向。最后,决策支持系统具备强大的可视化功能,能够将复杂的数据分析结果转化为直观、易懂的图表和报告。这使得高校能够更加便捷、高效地获取所需信息,节省了大量时间和精力。

借助决策支持系统提供的精准信息,高校学生管理工作能够实现从经验驱动向数据驱动的转变。高校可以根据系统揭示的学生群体特点和发展趋势,有针对性地调整管理理念和工作方式,制定出更加符合学生实际需求的教育引导策略。高校还可以利用系统提供的预警信息,及时发现学生在学习、生活、心理等方面出现的问题苗头,从而采取预防性措施,将问题消除在萌芽状态。此外,决策支持系统还为高校提供了跨部门协同的数据基础。通过共享学生数据,各部门能够形成对学生的共同认知,促进工作的协调与配合,提升管理的整体效能。

(三)信息共享与协作

信息共享与协作是高校学生管理工作信息化发展的重要内容,对于打破信息壁垒、促进校园管理协同具有重要意义。在传统的学生管理模式中,各部门、各单位往往各自为政,信息孤岛现象严重,导致管理效率低下、资源浪费严重。而信息共享与协作能够有效整合各方资源,实现信息的互联互通,形成协同高效的管理生态。

从横向来看,信息共享与协作能够促进高校各部门之间的沟通与配合。通过建立统一的信息平台,教务处、学生处、团委、心理咨询中心等部门可以及时共享学生信息,全面了解学生的学习、生活、思想动态。这不仅有利于及时发现和解决学生问题,也为制定针对性的管理策略提供了数据支撑。各部门还可以在平台上协同开展工作,如联合举办专题教育活动、开展心理健康教育等,实现管理合力。

从纵向来看,信息共享与协作能够加强高校与学院、班级、学生组织等基层单位的联系。高校可以利用信息平台及时向基层单位传达管理精神和工作要求,掌握一线管理动态;基层单位能够通过平台反映学生诉求,提出工作建议。这种双向互动有利于理顺管理脉络,提高管理决策的科学性和精准性。借助信息平台,高校还可以加强对学生组织的指导与管理,引导其健康有序发展。

四、高校学生信息管理系统的完善与发展

(一)系统整合与数据融合

系统整合与数据融合是构建全面学生画像的关键。随着高校信息化建设的

第四章　高校学生管理工作的创新发展

不断推进,学生管理工作也呈现出多元化、动态化的特点。传统的学生管理系统往往各自为政,数据孤岛问题突出,难以支撑精准化、个性化的管理与服务。为了突破这一瓶颈,高校需要打通各业务系统间的壁垒,实现数据的互联互通和深度融合,构建起完整、立体的学生画像。

数据整合的首要任务是梳理学生管理工作中的各类数据源。目前,与学生相关的数据分散在教务、学工、就业、校园一卡通等多个业务系统中,涵盖了学籍信息、选课成绩、课外活动、消费记录等多个维度。将这些异构数据进行采集、清洗和标准化处理,能够为后续的数据融合奠定基础。在此基础上,高校可以运用大数据技术,通过数据建模、关联分析等方法,挖掘数据背后的内在联系和规律,形成对学生更加全面、深入的认知。

数据融合的深度和广度决定了学生画像的丰富程度。单一维度的数据难以反映学生成长的全貌,高校需要从更加多元的视角认识学生,将学业表现、课外活动、心理健康等多个维度的数据有机结合起来,勾勒出学生发展的轨迹和特点。例如,通过分析学生的选课行为和学习成绩,可以发现其学业发展的潜力和短板;通过追踪学生参与社团、志愿服务等活动的情况,可以了解其兴趣特长和领导力;通过挖掘学生的消费数据,可以洞察其生活方式和经济状况。

(二)个性化服务与智能推荐

在高校学生管理工作中,个性化服务与智能推荐日益成为提升服务质量、满足学生需求的重要途径。随着大数据、人工智能等新兴技术的迅猛发展,传统的"一刀切"式管理模式已难以适应新时代大学生的个性化、多元化需求。高校必须主动拥抱改变,创新服务理念和方式,以学生为中心,为其提供精准、高效的个性化服务。

个性化服务的核心在于深入洞察学生需求,为其量身定制服务方案。这要求高校学生管理工作者充分运用大数据分析、用户画像等技术,全面收集学生的学习、生活、心理等各方面数据,构建起动态更新的学生画像。基于这些数据和画像,高校可以精准把握每一个学生的特点和需求,因材施教,因需施策。例如,针对学习吃力的学生,可以推送个性化的学习资源和辅导计划;针对心理焦虑的学生,可以推送个性化的心理疏导服务;针对就业困惑的学生,可以推送个性化的职业规划指导。

智能推荐是个性化服务的重要实现途径。依托人工智能算法和海量数据,智能推荐系统可以自动分析学生的兴趣爱好、行为习惯等,为其推荐最契合需求的服务。例如,智能学习系统可以根据学生的学习进度、知识掌握程度,自动推送优质的微课程、练习题等学习资源;智能生活服务平台可以根据学生的生活作息、消费偏好,智能推荐校园餐饮、购物、娱乐等个性化服务;智能心理健康系统可以基于学生的情绪状态、心理特点,主动推送减压课程、心理咨询等服务。智能推荐使个性化服务更加精准、高效,学生无须花费大量时间和精力搜寻资源,就能轻松获取最合适的服务,极大提升了服务体验。

(三)系统维护与更新

高校学生管理信息系统的持续稳定运行离不开有效的系统维护和及时的版本更新。信息系统作为学生管理工作的重要支撑,其可靠性和先进性直接关系到管理效率和服务质量。高校必须高度重视系统维护和更新工作,建立完善的制度体系,配备专业的技术团队,为系统的长期健康运行提供坚实保障。

系统维护是确保信息系统稳定运行的基础。它包括硬件设施的日常养护、软件环境的定期检查、数据库的备份与恢复等一系列工作。通过制订科学的维护计划,严格执行维护流程,可以及时发现并解决系统运行中出现的各种问题,消除安全隐患,提高系统的可用性和可靠性。系统维护还需要重视用户体验的优化。高校应通过用户反馈、数据分析等方式,深入了解师生在使用系统时遇到的困难和不便,并针对性地改进系统功能和界面设计,提供更加人性化、智能化的服务。

版本更新是保持信息系统先进性的重要途径。随着信息技术的飞速发展,学生管理工作的理念、模式、内容也在不断发展。为了适应新的管理需求,跟上时代发展的步伐,高校必须定期对管理信息系统进行升级改造。一方面,要积极引入云计算、大数据、人工智能等先进技术,优化系统架构,提升数据处理和分析能力;另一方面,要根据管理创新的要求,开发新的功能模块,完善已有的业务流程,实现管理方式的与时俱进。版本更新不仅能够扩展系统的应用范围,提高管理的科学化、精细化水平,也能够激发师生员工的创新热情,营造追求卓越的校园文化氛围。

五、信息化背景下的高校学生服务模式创新

(一)线上服务平台拓展

线上服务平台的拓展是高校学生管理工作信息化发展的重要趋势和必然选择。随着互联网技术的日新月异,高校学生的学习生活方式也发生了深刻改变。他们更加依赖移动设备获取信息、解决问题,对个性化、便捷化的服务有着更高期待。传统的线下服务模式已难以满足学生日益多元的需求。高校必须主动拥抱信息化浪潮,大胆探索线上服务平台的建设,以数字化方式扩展学生服务的广度和深度。

线上服务平台的建设应立足学生需求,聚焦管理服务的痛点和难点。通过前期调研和大数据分析,高校可以精准把握学生在学习、生活、发展等方面的实际需要,有针对性地设计服务项目和内容。例如,学生在选课、缴费、请假等常规事务中往往存在信息不对称、流程烦琐等问题,高校可以借助线上平台实现相关业务的自助办理,提高服务效率和质量;学生在心理健康、职业规划等方面存在困惑和需求,高校可以依托线上平台提供个性化的咨询指导,拓宽服务渠道。

线上服务平台的建设还应注重用户体验,创新服务模式和方法。单纯将线下服务搬到线上是不够的,关键要发挥信息技术的优势,为学生提供沉浸式、交互式的服务体验。例如,高校可以开发虚拟校园平台,为学生营造身临其境的校园环境,方便其浏览校园风貌、参与校园活动;高校可以借助人工智能、大数据等技术,为学生提供智能化的学习辅导和生涯规划,提高个性化服务水平。此外,线上服务平台还要加强与线下服务的融合,构建线上线下一体化的服务生态。

通过合理分工和协同联动,线上平台可以承担信息发布、数据采集等基础性工作,为线下服务提供支撑;线下服务可以侧重人文关怀、情感交流等,弥补线上服务的不足。

(二)基于数据分析的个性化服务

在高校信息化环境下,基于数据分析的个性化服务设计已成为创新学生管理工作的关键抓手。传统的学生服务模式往往采取"一刀切"的方式,难以满足学生日益多元化、个性化的需求。而大数据技术的发展为精准把握学生特点、提供有针对性的服务提供了新的可能。

通过收集和分析学生在学习、生活、社交等方面的海量数据,高校可以全面了解每一个学生的兴趣爱好、学习特点、行为习惯等,从而为其量身定制个性化的学习计划、生涯规划、心理辅导等服务。例如,通过对学生选课、成绩、图书借阅等学习数据的挖掘,可以发现学生的学习偏好和知识短板,进而推送针对性的学习资源和建议;通过对学生课外活动、社交网络等数据的分析,可以洞察学生的兴趣特长和人际交往状况,从而提供个性化的社团推荐、人际沟通指导等。

个性化服务设计不仅能够提高学生管理工作的精准性和有效性,也能增强学生获得感和满意度。当服务越来越契合自身需求时,学生参与其中的主动性和积极性会大幅提高。这种参与感和互动性,有助于加深高校与学生之间的了解和信任,营造良性互动的育人生态。

(三)移动应用与智能设备在学生服务中的应用

移动应用和智能设备在学生服务中的应用正在成为高校学生管理工作信息化发展的重要途径。随着智能手机、平板电脑等移动设备的普及,以及物联网、人工智能等新兴技术的发展,高校学生服务模式正在经历重大改变。移动应用和智能设备不仅拓展了学生服务的触点,也增强了高校与学生之间的互动,为创新学生管理工作提供了新的可能。

从服务触点的拓展来看,移动应用和智能设备打破了传统学生服务的时空限制。学生不再局限于面对面或电话沟通，而是可以通过移动应用随时随地获取学习资源、校园信息和个性化服务。例如，高校可以开发在线学习平台，为学生提供丰富的教学资源和自主学习工具；开设校园服务 APP，实现课表查询、成绩查询、选课管理等功能；建设智慧图书馆系统，方便学生借阅图书、查找资料。这些应用不仅提高了学生服务的便捷性和可获得性，也满足了学生多样化、个性化的需求。

从互动方式的创新来看，移动应用和智能设备为学校与学生构建了新型沟通渠道。传统的师生交流多依赖课堂讨论和面谈，而移动应用提供了更加灵活、高效的互动方式。例如，教师可以通过即时通信工具与学生进行一对一或群组交流，及时解答学生疑问；利用社交媒体平台发布通知公告、征集学生意见，增进师生互动；运用虚拟现实、增强现实等技术开展沉浸式教学，提升学生参与度。这些创新不仅拉近了师生距离，也激发了学生主动学习、积极互动的内在动力。

移动应用和智能设备为学生管理工作带来了新的思路和方法。高校可以利用大数据技术收集、分析学生行为数据，深入洞察学生需求，提供个性化、精准化的服务。例如，通过分析学生的学习行为数据，识别学习困难学生，及时提供学业辅导；根据学生的兴趣爱好数据，推荐适合的社团活动和实践项目；依据学生的心理健康数据，开展针对性的心理疏导。这些数据驱动的学生管理方法有助于提高工作的科学性和有效性，促进学生的全面发展。

第二节　高校学生管理工作的数字化发展

一、高校学生数据收集与整合的数字化途径

（一）现代技术手段的利用

在数字化时代，高校学生管理工作面临新的机遇和挑战。数字化技术的发

展为学生信息的采集和管理提供了更加高效、便捷的手段。

云计算、大数据、人工智能等前沿技术为学生信息的采集和分析提供了强大支撑。通过构建智能化的学生信息管理平台，高校可以实现学生数据的自动采集、实时更新和动态分析。例如，利用物联网技术，可以对学生的出勤、消费、体质健康等各项数据进行自动采集和记录；运用人脸识别、指纹识别等生物特征识别技术，能够准确、高效地完成学生身份验证；借助自然语言处理、知识图谱等人工智能技术，可以对学生的学习行为、兴趣爱好等进行智能分析和画像。现代技术手段的应用不仅提高了学生数据采集的效率和准确性，也为学生管理工作提供了更加全面、细致的数据支持。

数字化技术在学生信息采集中的应用，有助于实现学生数据的集中管理和共享应用。传统的学生管理工作往往存在数据分散、信息孤岛等问题，不同部门之间缺乏有效的数据共享和业务协同。而通过构建统一的学生信息管理平台，将分散在各个业务系统中的学生数据进行集中存储和管理，可以打破数据壁垒，实现信息的互联互通。这不仅提高了学生管理工作的协同性和一致性，也为学校领导决策提供了更加全面、准确的数据支撑。例如，通过对学生学习成绩、心理健康、消费行为等多维数据的综合分析，可以及时发现学生的异常情况，为开展针对性的帮扶和引导提供依据。

（二）数据整合策略

数据整合旨在打破数据孤岛，实现信息资源的共享和高效利用。在传统的学生管理模式下，各部门各自为政，数据分散在不同的系统和平台中，缺乏统一的标准和接口，导致信息难以集成和流通。这不仅影响了管理效率，也制约了数据价值的释放。推进数据整合，构建集中统一的数据管理平台，已成为高校学生管理工作创新发展的必然要求。

数据整合的核心在于建立统一的数据标准和编码体系。高校学生管理涉及学籍、课程、成绩、就业等诸多方面，不同业务系统对同一数据对象的描述和表达方式往往不尽相同，导致数据难以匹配和关联。为了解决这一问题，必须制订统一的数据标准,对学生基本信息、学习过程、管理行为等各类数据进行规范化定义和描述,形成一致的数据结构和格式。还需要建立统一的编码体系,赋予每个数据对象唯一的标识符,确保数据在不同系统间的准确对应和无缝衔接。统一的数据标准和编码体系是实现数据整合的基础和前提。

高校需要搭建集中统一的数据管理平台。传统的分散式数据管理模式难以满足信息共享和业务协同的需求,容易出现数据重复、不一致等问题。而集中式的数据管理平台可以为各部门提供统一的数据服务,实现数据的集中存储、管理和共享。通过数据交换接口和应用程序接口,不同业务系统可以便捷地访问和调用平台中的数据资源,减少重复采集和冗余存储,提高数据质量。数据管理平台还可以为数据分析和挖掘提供支撑,通过对学生行为数据、学习轨迹等的深入分析,寻找规律、发现问题,为精准化管理和个性化服务提供决策依据。

(三)数据保护与隐私问题

随着信息技术的广泛应用,高校掌握了大量学生个人信息,包括身份信息、学业数据、行为记录等。这些数据一旦泄露或被滥用,将对学生造成难以弥补的伤害。因此,高校必须高度重视学生数据安全,建立健全的保护机制,切实维护学生合法权益。

1. 构建学生隐私保护制度

高校应制定明确的隐私政策,规定哪些数据可以收集、如何存储和使用、何时销毁等,并严格遵守相关法律制度。对于涉及学生敏感信息的数据,如身份证号、家庭住址、医疗记录等,应采取脱敏处理,避免数据滥用和泄露。高校还需加强数据访问控制,根据不同岗位的工作需求设置差异化权限,并对数据使用进行全程监控和审计,及时发现并阻止非法行为。

2. 加强数据安全意识教育

高校应面向全体师生开展数据安全培训,普及数据保护知识,增强风险防范意识。教师要以身作则,在日常教学管理中严格保密学生信息,防止数据泄露。学生也要提高警惕,注意保护自己的隐私,不随意泄露个人信息。通过全员参与,共同营造"人人重视数据安全、人人维护信息隐私"的良好氛围。

3.完善数据安全技术

高校须加大资金投入,引进先进的数据加密、身份认证、入侵检测等安全技术,提升信息系统的防护能力。定期开展系统漏洞检测和修复,及时堵塞安全隐患。针对教师使用的移动终端,要采取严格的管理措施,安装安全防护软件,防止学生隐私数据泄露。此外,还需建立数据备份与恢复机制,最大限度地减少事故造成的损失。

二、数字化技术在高校学生评价中的应用

(一)评价体系的数字化

传统的学生评价体系往往过于单一、静态,难以全面、动态地反映学生的全面发展状况。构建科学合理的数字化评价标准体系,对提升学生评价的针对性和有效性,促进学生的健康成长具有重要意义。

科学合理的数字化评价标准体系应立足学生发展的内在规律,遵循评价的客观性原则,突出评价指标的多元化和动态性特点。一方面,评价指标应涵盖德、智、体、美、劳等各个方面,既要关注学生的学业成绩,又要重视其道德品质、身心健康、艺术修养、劳动意识等综合素质的提升。通过构建多维度的指标体系,可以更加全面、立体地评价学生的发展状况,为其提供更有针对性的指导和帮助。另一方面,评价指标应体现一定的动态性和发展性。随着学生成长阶段的不同,评价的侧重点也应有所侧重。因此,要根据学生发展的不同阶段,设置与之相适应的评价指标,并随着学生的成长进步动态调整,以便更加精准地把握学生的发展变化。

数字化评价标准体系的构建应遵循科学性与可操作性相统一的原则。评价

指标的设置既要有理论依据,又要具有可操作性,便于在实践中落实。为此,高校可以充分利用大数据技术,收集、整合学生在校期间的各类数据,并运用数据挖掘、智能分析等技术,探索数字化环境下的学生画像,为评价指标的设置提供数据支撑。高校还要加强评价主体的多元化,鼓励教师、学生、家长、社会等多方参与评价过程,提高评价的客观性和公正性。

(二)数据分析在评价中的应用

数据分析技术的应用为高校学生评价工作带来了新的视角和可能。传统的学生评价往往依赖教师的主观判断,容易受个人偏见和经验局限的影响。而数据挖掘技术能够从海量的学生信息中发现隐藏的模式和规律,为评价决策提供客观、精准的依据。通过采集学生在校期间的各类数据,如学习成绩、课堂表现、社会实践、心理测评等,并运用机器学习算法进行建模分析,教师能够全面、动态地掌握每个学生的发展状况,识别其优势和不足,进而提供个性化的指导和帮助。

数据驱动的评价方式不仅能够提高评价的科学性和准确性,也能够促进评价方式的多元化发展。单一的考试成绩不足以全面反映学生的综合素质,数据分析技术为构建多维评价体系提供了技术支撑。通过整合学生在不同维度的表现数据,如知识掌握、能力展现、品德发展等,教师能够对学生进行更加立体、全面的评估。同时,借助可视化技术,评价结果能够以更加直观、生动的方式呈现,便于学生自我认识和反思。

数据挖掘技术能够挖掘出学生发展过程中的关键影响因素,为精准施策、分类指导提供决策参考。通过分析学生成长轨迹与各类因素之间的相关性,教师能够发现影响学生发展的关键节点和主要困难,有针对性地制订干预策略。例如,对于学习成绩下滑的学生,教师可以分析其课堂出勤、作业完成、自主学习等数据,找出学习困难的原因,并提供有效的学业辅导;对于心理健康出现问题的学生,教师可以分析其人际交往、情绪变化等数据,并及时对学生进行心理疏导和危机干预。

(三)动态评价机制的构建

动态评价机制的构建是高校学生管理工作数字化发展的重要内容。传统的学生评价方式往往局限于静态、片面的指标,难以全面反映学生的综合素质和发展潜力。而动态评价机制强调对学生的持续观察和多维度考察,通过即时反馈和改进措施,促进学生的全面发展。

构建科学合理的评价标准体系是动态评价机制的基础。评价标准应涵盖学生德、智、体、美、劳方面的发展要求,既要考查学生的学业成绩,也要关注其道德品质、身心健康、艺术修养、劳动技能等方面。评价标准还应具有针对性和弹性,根据不同专业、不同年级学生的特点进行动态调整,确保评价的有效性和准确性。

数据分析技术在动态评价中发挥着重要作用。通过收集学生在校期间的各类数据,如考勤记录、作业完成情况、课堂表现、社会实践等,并运用大数据挖掘、机器学习等技术进行智能分析,可以全面掌握学生的发展状况,预测其未来趋势。数据分析结果不仅为教师的教学决策提供了依据,也为学生的自我认知和改进指明了方向。

动态评价机制的关键在于建立评价结果的即时反馈与改进措施。评价不应是一锤定音的终结,而应是一个动态循环的过程。通过定期向学生反馈评价结果,帮助其明确优势和不足,制订针对性的改进计划,并持续跟踪改进效果,形成良性互动,最终实现评价的育人功能。例如,对于学习成绩不理想的学生,可以通过学业预警、个性化辅导等方式,帮助其尽快回到正轨;对于身心发展存在问题的学生,可以提供心理咨询、生涯规划等服务,引导其健康成长。

三、高校学生档案数字化管理的实施

(一)档案数字化转型

档案数字化转型需要遵循规范化、标准化、系统化的原则。首先,要制订统

第四章　高校学生管理工作的创新发展

一的档案数字化标准和规范,明确数字化的内容、格式、质量要求等,确保数字档案的一致性和规范性。其次,要选择合适的数字化技术和设备,如高速扫描仪等,提高数字化效率和质量。最后,要建立健全的数字档案管理系统,实现档案的分类、编目、检索、存储、备份等功能,方便学生管理工作的开展。

档案数字化转型是一项系统工程,需要分步骤、分阶段推进。可以先选择一部分重要档案或者新生档案进行试点,积累经验后再逐步推广到全部档案。在数字化过程中,要注重档案的完整性和安全性,采取必要的防护措施,如设置访问权限、定期备份等,防止档案泄露或丢失。还要加强档案数字化的人才队伍建设,培养既懂学生管理又懂信息技术的复合型人才。

档案数字化转型是高校学生管理工作创新发展的必由之路。通过数字化转型,可以提高档案的检索效率,降低管理成本,实现学生事务的高效协同。例如,学生的学籍档案、奖惩档案、活动档案等分散存储在不同部门,数字化转型后可以实现集中管理和共享,辅导员、教务员等都能及时查询学生档案,了解学生的学习生活状态。

(二)数字档案管理系统的搭建

高校数字档案管理系统的搭建是实现学生档案数字化、信息化管理的关键。科学、合理、高效的数字档案管理系统不仅能够确保学生档案的完整性、准确性和安全性,也能够为高校学生管理工作提供强有力的信息支撑和决策依据。

系统结构的设计是搭建数字档案管理系统的基础。合理的系统结构能够保证系统的稳定运行,提高数据处理效率,降低维护成本。通常,数字档案管理系统采用三层架构设计,即数据层、应用层和表示层。数据层负责存储和管理学生档案数据,通过数据库技术实现数据的高效存取和管理;应用层承担系统的核心业务逻辑,实现对学生档案的采集、整理、查询、统计等功能;表示层提供人机交互界面,方便用户对系统进行操作和管理。三层架构的设计使系统各组成部分分工明确,耦合度低,有利于确保系统的可扩展性和可维护性。

在功能配备方面,高校数字档案管理系统应围绕学生档案管理的业务需求,提供全面、完善的功能模块。核心功能应包括档案数据采集、档案信息编目、档案数字化加工、档案检索查询、档案统计分析、档案安全管控等。档案数据采集模块通过纸质档案扫描、电子文件导入等方式,将学生档案转化为数字化的电子文件;档案信息编目模块对电子档案进行元数据描述,方便后续检索和管理;档案数字化加工模块对电子档案进行图像处理、文本识别等,以提高档案的可用性;档案检索查询模块提供多维度、多方式的档案查询功能,满足用户的各种检索需求;档案统计分析模块对档案数据进行挖掘和分析,为学生管理决策提供数据支持;档案安全管控模块通过身份认证、权限管理、数据备份等手段,确保档案数据的机密性、完整性和可用性。此外,系统还应提供灵活的个性化配置功能,允许管理员根据实际需要对系统进行定制和优化。

(三)长期存储与备份方案

长期存储与备份解决方案是确保数字档案长期安全保存的关键。数字档案不同于传统纸质档案,它们易受到物理损坏、数据损毁、格式过时等风险的影响。因此,制定科学、有效的长期存储与备份策略至关重要。

1. 选择合适的存储介质

目前,硬盘、光盘等都是常用的数字档案存储介质。其中,磁带以其大容量、低成本、长寿命的优势成为长期档案存储的首选。但为了避免单一介质的风险,通常需要采用多种介质组合的方式,实现异地异介质备份。

2. 建立完善的数据迁移机制

随着存储技术的不断发展,存储介质和文件格式也在不断更新迭代。为了确保数字档案能够跨越时间的障碍,适应新的技术环境,必须制订定期迁移的策略。通过将数字档案从旧的存储介质和文件格式迁移到新的环境中,可以延续其生命周期,避免数据损失。

3. 实施严格的数据完整性检查机制

数字档案在长期存储过程中，难免会受到各种因素的影响，导致数据完整性受损。因此，需要定期对存储的数字档案进行完整性校验，及时发现和修复损坏的数据，保证档案的可用性。

4. 采用异地备份

通过定期将数字档案复制到异地的存储系统中，可以最大限度地减少灾难性事件对档案的影响。异地备份可以采用多种方式，如磁带异地存储、云存储等，选择安全可靠的备份方案至关重要。

四、数字化工具在高校学生日常管理中的运用

（一）考勤与行为监测工具

数字化考勤与行为监测工具的引入为高校学生日常管理提供了智能化、精准化的解决方案。在智慧校园的建设背景下，这些工具不仅能够实现对学生出勤情况的实时监控，更能通过对学生行为数据的采集和分析，为高校学生管理工作者提供全面、客观的决策依据。

传统的学生考勤方式，如手工记录、刷卡签到等，存在效率低下、数据不准确等问题。而数字化考勤工具，如基于人脸识别、指纹识别等生物特征的智能考勤系统，能够快速、准确地完成学生身份验证和出勤记录。这不仅大幅提高了考勤效率，减轻了管理人员的工作负担，更能够实现考勤数据的自动生成和存储，方便后续的查询和分析。

数字化行为监测工具，如智能视频分析系统，能够对学生在校期间的各项行为进行监测。通过对视频画面中学生行为的智能识别和分析，系统能够自动记录学生的活动轨迹、行为特征等关键信息。这些数据不仅能够为学生安全预警、突发事件处理提供重要依据，更能够通过数据挖掘和分析，揭示学生行为模式背

后的深层次原因,为高校学生管理工作者提供有针对性的干预和引导策略。

(二)自动化事务处理

传统的学生事务处理模式往往存在效率低下、响应不及时等问题,难以满足现代高校管理的需求。引入自动化技术,可以显著提高学生事务处理的效率和质量,为学生提供更加便捷、高效的服务体验。

自动化事务处理的核心在于构建智能化的工作流程。通过对学生日常事务的梳理和标准化,可以将重复性、规则性的工作环节进行程序化设计,实现自动处理。例如,学生请假、成绩查询、信息变更等常见事务,可以通过自动化系统实现一键申请、在线审批、即时反馈等功能,大幅简化办事流程,提高处理效率。系统还可以根据预设规则进行初步筛选和分类,自动将事务分配至相应的处理节点,实现流程的优化和再造。

自动化事务处理离不开大数据技术的支撑。高校可以充分利用学生管理信息系统中的海量数据,通过数据挖掘和分析,洞察学生行为模式,预测潜在需求,为事务处理提供智能化决策支持。例如,通过分析学生请假数据,可以发现请假高峰时段、常见请假原因等规律,从而优化请假审批流程,合理调配人力资源;基于学生成绩数据的分析,可以及时发现学业预警信号,自动触发帮扶机制,实现精准资助和个性化指导。

移动端应用是实现自动化事务处理的重要载体。目前,智能手机已成为高校学生学习生活的必备工具。高校可以开发基于移动端的学生事务管理应用,将各类服务事项"掌上化、指尖化",让学生随时随地便捷地获取信息、提交申请、查询进度。移动端应用还可以借助推送通知、智能提醒等功能,主动向学生传递重要信息,提高事务处理的时效性。此外,移动端应用还能与第三方平台实现对接,拓展服务场景,为学生提供更加丰富、灵活的自助服务。

(三)移动端管理应用创新

移动端管理应用的开发应以学生需求为导向,充分考虑其使用习惯和行为特点。高校学生普遍热衷于社交媒体和即时通信工具，习惯于碎片化阅读和交互式体验。因此，移动管理应用应采用简洁的界面设计，提供个性化、定制化的服务，支持多样化的交互方式，如语音输入、手势操作等。应用还应具备及时、高效的推送功能，以便第一时间向学生传达重要信息和通知公告。

移动管理应用的功能设计应围绕学生学习和生活的各个方面展开。在学习方面，应用可以提供课程表查询、作业提交、在线答疑等功能，帮助学生合理安排学习进度，提高学习效率。在生活方面，应用可以实现宿舍报修、外出请假、校园导航等服务，为学生提供更加便捷、智能化的校园生活体验。此外，应用还可以整合校园卡、图书馆等各类资源，实现一站式、无缝化的服务对接。

移动管理应用的开发应注重数据安全和隐私保护。高校学生是一个敏感的群体，对个人信息的保护要求较高。因此，应用必须严格遵守相关法律制度和学校政策，采取必要的技术措施，如数据加密、访问控制等，确保学生信息的机密性、完整性和可用性。应用还应提供透明、易懂的隐私政策说明，让学生了解其个人信息的收集、使用和保护情况。

五、数字化发展对高校学生管理模式的影响

（一）管理模式的转变

传统的集中式管理模式已难以适应信息技术迅猛发展的新形势，亟须向更加灵活、高效的分布式管理模式转变。这种转变不仅体现在管理手段和工具的更新迭代，更深层次地影响着管理理念、管理方式乃至管理文化的转变。

从管理理念来看，分布式管理强调"以学生为中心"，充分尊重学生的主体地位和个性化需求。不同于集中式管理"自上而下"的控制逻辑，分布式管理更加重视学生的参与和互动，鼓励其主动参与到管理过程中来。通过与学生建立平等、互信的关系，高校学生管理工作者能够更加全面、准确地把握学生的思想动态和行为特点，从而制订出更加精准、有效的管理策略。同时，分布式管理为学生提供了更多展示自我、锻炼自我的机会，有利于其自主意识和责任意识的培养。

从管理方式来看,分布式管理依托信息技术手段,实现了管理流程的自动化和智能化。借助大数据分析、人工智能等先进技术,高校学生管理工作者能够从海量的学生数据中快速提取关键信息,洞察学生群体的行为模式和发展趋势。这不仅大幅提高了管理效率,减轻了高校学生管理工作者的工作负担,也为精准施策、科学决策提供了数据支撑。移动互联网、社交媒体等新兴平台的广泛应用,也为高校学生管理工作者与学生搭建起了便捷、高效的沟通渠道。师生可以随时随地进行信息交流和互动反馈,使管理工作变得更加灵活、快捷。

从管理文化来看,分布式管理营造了开放包容、合作共享的育人环境。在这种环境中,管理不再是高校学生管理工作者的"独角戏",而是高校学生管理工作者与学生共同参与、协同推进的过程。双方基于共同的目标和利益,建立起相互信任、相互支持的伙伴关系。这种关系有助于消除师生之间的隔阂,促进彼此的理解和认同,形成良性互动的育人生态。同时,分布式管理为不同部门、不同岗位的高校学生管理工作者提供了协作平台,使其能够跨越部门藩篱,实现信息共享、资源整合,形成管理合力。

(二)决策质量的提高

数字化技术的迅猛发展为高校学生管理决策提供了强大支撑。通过对学生信息的采集、整合和分析,数字化技术可以帮助高校学生管理工作者更加全面、客观地掌握学生状况,做出科学、合理的决策。同时,数字化技术为决策过程注入新的活力,使其更加高效、精准和人性化。

数字化技术在学生画像方面发挥着重要作用。通过对学生学习、生活、心理等多维度数据的采集和分析,可以勾勒出每个学生的独特"画像"。这些画像不仅反映了学生的个性特点和发展潜力,也揭示了其面临的困难和挑战。高校学生管理工作者可以据此因材施教,有的放矢地开展工作,最大限度地发掘和培养每一个学生的才能。数字化学生画像的应用使学生管理决策更加个性化和人文关怀,真正做到了"以生为本"。

在学业预警和干预方面,数字化技术大有可为。通过对学生学习行为和效果的动态监测,预警模型可以及时发现学业困难学生并自动预警,使高校学生管理工作者能够在问题恶化前及时干预和帮扶。大数据驱动的学业预警和干预机制克服了传统做法滞后、粗放的弊端,使管理更加精准和高效。学业预警系统的建立,既是高校履行教育责任的体现,也是促进学生健康成长的有力保障。

数字化技术为学生管理决策提供了海量的数据支持。通过对校内外各类数据的采集、整合和挖掘,高校学生管理工作者可以从宏观上把握学生群体的特点和趋势,优化资源配置,改进管理政策。大数据驱动的决策模式打破了经验主义的局限,使决策更加科学、严谨。同时,数据共享强化了各部门间的协同联动,提高了管理的系统性和协调性。

(三)自主性与管理的平衡

随着信息技术的快速发展,学生获取知识的渠道日益多元化,自主学习和探索的意识不断增强。在这一背景下,传统的管理模式已难以适应学生个性化、多样化的发展需求。高校需要在尊重学生主体地位的基础上,寻求管理与自主的平衡,激发学生的内在动力,培养其自主管理、自我约束的能力。

数字化技术为学生自主性的发挥提供了广阔空间。借助在线学习平台、移动应用等,学生可以根据自身兴趣和需求,自主安排学习进度,选择学习资源。这种灵活、开放的学习方式,不仅满足了学生个性化发展的要求,也对其自主学习能力提出了更高要求。高校应创新管理理念和方式,引导学生合理利用数字化资源,提高自主学习效率。高校还应加强学习过程监测和质量评估,及时发现并解决学生自主学习中的问题,确保自主性的发挥真正服务于人才培养目标。

在管理实践中,高校要注重发挥学生的主体作用,鼓励其参与管理决策和制度建设。通过学生代表大会、校园论坛等形式,广泛吸纳学生意见和建议,提高管理的针对性和有效性。在制定管理制度时,要充分考虑学生的实际需求和接受程度,避免简单化、一刀切的做法。对于违规行为,要坚持教育为主、惩戒为辅的原则,帮助学生认识错误,提高自我管理意识。

第三节　高校学生管理工作的智能化发展

一、智能化技术在高校学生管理中的应用

(一)智能监控系统与安全管理

智能监控系统已成为现代高校学生安全管理的重要技术手段。与传统的人工巡查和定点监控相比，智能视频监控能够实现全天候、无死角的实时监测，大幅提高了校园安全管理的效率和质量。智能监控系统基于计算机视觉、模式识别等前沿技术，通过对视频画面的实时分析，能够自动识别和预警各类安全隐患，如陌生人入侵、学生打架斗殴、校园火情等，使安全管理工作更加主动和精准。

智能监控系统产生的海量视频数据为学生行为分析提供了宝贵素材。通过对学生日常活动轨迹、交往互动的深入挖掘，高校学生管理工作者能够更加全面地了解学生群体的行为特点和心理状态，有针对性地开展教育引导和心理疏导工作。例如，通过分析学生夜间活动规律，高校可以优化宿舍管理措施，为学生营造更加舒适安全的居住环境；通过跟踪学生课间交往数据，辅导员可以发现学生孤僻、抑郁等心理问题的苗头，及时对其予以关怀和帮助。

智能监控系统在提升学生安全保障水平的同时，也对学生隐私保护提出了新的挑战。视频监控数据不可避免地包含了学生的肖像、行踪等敏感信息，如果管理不当，极易造成学生隐私泄露乃至人身安全威胁。因此，高校需要建立严格的智能监控数据管理制度，明确数据采集、传输、存储、使用等各环节的安全要求，最大限度地保护学生合法权益。在使用智能监控系统时，要注重加强师生沟通，引导学生正确认识和理性对待校园监控，消除其对隐私安全的顾虑。

智能监控系统的有效运行有赖于完善的应急响应机制。智能算法需要通过

人机协同的方式,提高系统预警的灵敏度和可靠性。一方面,高校应组建专业的视频监控队伍,配备经验丰富的安保人员 24 小时值守,及时核查和处置系统预警;另一方面,高校要制订周密的应急预案,明确各类安全事件的处置流程、责任主体和协调机制,一旦出现风险隐患,确保能够快速响应、果断处置。

(二)智能识别与出勤管理

智能识别技术在高校学生考勤管理中的应用,为提高考勤效率、规范考勤流程提供了新的思路和方法。传统的学生考勤方式,如点名、签到等,不仅耗时费力,而且容易出现遗漏、隐瞒的情况,难以真正掌握学生的出勤状况。而智能识别技术,如人脸识别、指纹识别、虹膜识别等,能够快速、准确地完成学生身份确认,大幅提高了考勤效率。智能识别技术还能够与考勤管理系统无缝对接,自动生成考勤记录,减少了人工录入的错误和遗漏,使考勤数据更加准确、完整。

在实际应用中,智能识别技术已在很多高校的考勤管理中得到普及。例如,高校可以在教室、实验室、图书馆等场所安装人脸识别设备,学生只需在设备前"刷脸",就能快速完成考勤。这种方式不仅节省了时间,也避免了学生"替考""未考"等违纪行为。人脸识别技术还能够与学生信息管理系统对接,实现考勤数据的实时更新和共享,为教师掌握学生出勤情况、辅导员进行学生管理提供有力支持。

二、基于大数据的高校学生行为分析与预测

(一)学生行为数据收集与分析的方法

在高校学生管理工作中,大数据技术的应用为实现对学生行为的有效监测提供了新的可能。通过收集和分析学生在校期间产生的各类数据,如学生卡使用记录、图书馆借阅信息、校园网络访问日志等,高校学生管理工作者可以全面、动态地掌握学生的行为特点和发展趋势。这不仅有助于及时发现学生在学习、

生活中存在的问题,也为开展针对性的教育引导和服务提供了重要依据。

要真正发挥大数据在学生管理中的作用,首先,高校需要建立完善的数据采集机制,通过多渠道、多方式获取学生行为数据,确保数据的全面性和准确性。其次,高校应加强数据安全管理,采取数据脱敏、访问控制等措施,最大限度地保障学生隐私。最后,高校应建立健全的数据使用制度,明确数据使用的原则、流程和责任。

在数据分析方法上,高校可以借鉴数据挖掘、机器学习等技术,深入挖掘学生行为数据中蕴含的规律和特征。通过对学生的消费行为、活动轨迹、人际交往等数据进行关联分析,可以发现学生在学习、生活、人格发展等方面的潜在问题。利用聚类、异常检测等算法,还可以及时识别出学生群体中的特殊个体,为其提供有针对性的帮扶和引导。学生行为数据与学业表现、心理健康等数据的结合分析,也有助于构建学生发展的预警模型,为高校管理决策提供科学依据。

(二)基于大数据的学生行为模式预测

高校学生行为模式预测是深入分析学生行为数据,挖掘隐藏在数据背后的规律和趋势,进而预测学生未来行为走向的过程。随着大数据技术的迅猛发展,高校积累了海量的学生行为数据,如学生的课堂表现、作业完成情况、考试成绩、校园活动参与度等。这些数据蕴含着丰富的信息,为学生行为模式预测提供了坚实的数据基础。

通过对学生行为数据进行统计分析和数据挖掘,可以发现学生行为模式的内在规律。例如,通过分析学生的课堂表现数据,可以了解不同类型学生的课堂参与度特征,进而预测学生未来的课堂表现;通过分析学生的作业完成情况和考试成绩,可以建立学生学习效果的预测模型,及早发现学习困难的学生并给予针对性的帮助;通过分析学生参与校园活动的数据,可以刻画学生的兴趣特点和个性发展轨迹,为其提供个性化的成长指导。

学生行为模式预测的关键在于构建科学、有效的预测模型。这需要运用大数据分析技术,如数据统计、关联分析、聚类分析、决策树、支持向量机等,从多个角度挖掘学生行为数据的内在规律。还需要结合教育学、心理学等相关学科的理论知识,从学生认知发展、个性特点等方面解释学生行为模式形成的原因,增强预测模型的解释力和可信度。

学生行为模式预测的价值在于为学生管理和教育教学发展提供决策依据。通过预测学生的行为走向,高校学生管理工作者可以及时调整管理策略,开展针对性的教育引导;通过预测学生的学习效果,教师可以优化教学方案,因材施教,提高教学质量;通过预测学生的个性发展趋势,高校可以完善人才培养方案,为学生提供更加丰富多样的成长途径。

三、智能化决策支持系统在高校学生管理中的应用

(一)智能化决策支持框架构建

智能化决策支持平台的构建应立足学生管理工作的实际需求。一方面,平台应全面整合学生基本信息、学籍管理、学业成绩、日常行为等各类数据,建立起完整、准确的数据资源库。通过数据的标准化处理和深度挖掘,平台可以洞察学生群体的特点和个体的差异,为管理决策提供翔实依据。另一方面,平台应紧密对接学生管理工作的业务流程,涵盖入学教育、学籍变动、奖惩管理、心理辅导等各个环节。通过智能算法和规则引擎的应用,平台可以实现业务流程的自动化和智能化,大幅提高管理效率和服务质量。

在平台架构设计上,应遵循开放、灵活、可扩展的原则。首先,平台应采用开放的技术架构,支持与高校其他信息系统的无缝对接和数据共享,实现资源的充分利用和协同效应的发挥。其次,平台应具备灵活的配置能力,能够根据管理需求的变化动态调整系统功能和业务规则,适应学生管理工作的动态性和多样性。最后,平台应预留充足的扩展空间,通过模块化设计和微服务架构,方便后续功能的迭代升级和新技术的持续集成,保障平台的先进性和生命力。

智能化决策支持平台的构建需要重视人机交互和可视化呈现。一方面,平台应提供友好、直观的操作界面,降低管理人员的使用门槛,提升系统的易用性

和用户体验;另一方面,平台应运用数据可视化技术,以图表、报告等形式直观呈现学生画像、行为规律、预警信息等关键内容,为高校学生管理工作者提供一目了然的决策参考,提升决策的科学性和针对性。

构建智能化决策支持平台是一项复杂的系统工程,需要技术与业务的深度融合。在平台研发过程中,应成立跨部门、跨领域的项目团队,充分吸纳学生管理、信息技术、数据分析等方面的专业力量,通力合作,协同攻关。还应广泛听取一线管理人员和学生代表的意见建议,了解他们的实际需求和使用反馈,并据此持续优化平台功能和服务水平,不断提升平台的适用性和满意度。

(二)实时决策数据分析

实时决策数据分析是智能化决策支持系统的核心组成部分。随着高校学生管理工作日益复杂化和信息化,高校学生管理工作者需要及时、准确地掌握学生动态,以便做出科学、合理的决策。传统的数据分析方法难以满足这一需求,而实时决策数据分析能够有效突破局限,为管理决策提供可靠的数据支撑。

实时决策数据分析的关键在于建立高效的数据采集和处理机制。一方面,要充分利用校园网络、物联网等信息化基础设施,实现对学生行为数据的全面、动态采集。通过在宿舍、教室、图书馆等场所部署智能传感器,可以实时记录学生的出勤、借阅、消费等行为。还可以通过数字化的请假、奖惩等管理系统,自动生成相关数据。另一方面,要运用大数据、云计算等先进技术,对采集到的海量数据进行快速、智能地分析处理。可以利用数据挖掘算法发现学生行为模式,利用机器学习算法预测学生发展趋势,利用可视化技术直观呈现分析结果。

在实际应用中,实时决策数据分析发挥着重要作用。例如,通过分析学生的上网行为数据,可以及时发现学生的心理健康问题,为开展针对性的心理辅导提供依据;通过分析学生的课堂表现数据,可以精准评估教学效果,为改进教学方法提供参考;通过分析学生的校园消费数据,可以合理调配资源,为优化后勤服务提供支持。这些应用不仅提高了学生管理工作的科学化水平,也为学生的全面发展创造了良好条件。

四、人工智能在高校学生心理健康管理中的作用

(一)人工智能在学生情绪识别中的应用

人工智能在情绪识别中的应用为高校学生情绪与压力监测提供了新的思路和方法。传统的学生情绪评估主要依赖问卷调查、个人访谈等方式,存在效率低、主观性强等局限。而人工智能技术,尤其是机器学习和深度学习算法,能够通过分析学生的面部表情、语音语调等多模态数据,实现情绪状态的客观、准确识别。

在面部表情识别方面,卷积神经网络等深度学习模型能够提取面部图像的关键特征,如眉毛、嘴角的变化,进而判断学生的情绪类别,如高兴、悲伤、愤怒等。与人工判读相比,这种方法更加高效和一致。通过持续跟踪面部表情的动态变化,还能分析学生情绪的起伏规律,为心理健康干预提供依据。

语音情绪识别是一种应用前景广阔的技术。机器学习算法能够从语音的音高、音量、语速等声学特征中提取情感信息,识别学生语音中蕴含的情绪。相较于面部表情,语音情绪更能反映学生内心的真实想法和感受。利用智能语音分析技术,教师可以在与学生交流的过程中及时发现情绪异常,进行针对性疏导。

基于智能可穿戴设备采集的生理信号数据,如心率、皮肤电导等,为情绪识别提供了新的途径。生理反应与情绪状态密切相关,通过机器学习算法挖掘生理数据中蕴含的情绪模式,可以实现对学生压力水平的客观评估。相比于自我报告,这种方法更加准确可靠,有助于及时发现学生的心理问题。

(二)AI 心理健康辅导系统的干预作用

AI 心理健康辅导系统作为一种创新的心理健康干预方式,在提供初步心理健康服务、帮助学生进行自我管理等方面展现出广阔的应用前景。

AI 心理健康辅导系统的优势在于其可及性和便捷性。传统的心理咨询服务受咨询师数量、场地等资源的限制,难以满足全体学生的需求。而 AI 心理健康辅

导系统可以7×24小时不间断地为学生提供服务,突破了时间和空间的限制。学生只需要通过手机等移动设备,就能随时随地获得心理健康指导和支持。这种随时可及的特性尤其适合解决学生的突发性心理问题,如考试焦虑、人际冲突等。

AI心理健康辅导系统能够利用大数据和机器学习技术,对学生的心理状态进行实时监测和分析。通过收集学生的行为数据、情绪表达等信息,AI心理健康辅导系统可以构建个性化的心理健康档案,并根据学生的特点提供针对性的心理健康服务。例如,对于出现抑郁、焦虑等症状的高危学生,系统可以及时预警,引导其寻求专业帮助;对于心理状态相对稳定的学生,系统可以提供自助式的心理健康练习,帮助其提升心理韧性。

(三)人工智能在心理咨询中的作用

通过智能算法和大数据分析,人工智能系统能够快速识别来访者的情绪状态,精准把握其心理需求,为心理咨询师提供有针对性的建议和参考。这不仅能够帮助咨询师更全面地了解来访者,做出更加专业、客观的判断,也能够减轻咨询师的工作负担,使其将更多精力投入与来访者的深度交流和疗愈过程中。

人工智能在心理测评和筛查方面的应用,大幅提高了心理咨询的效率。传统的心理测评通常需要咨询师手工计算和解释测评结果,耗时耗力。而基于人工智能的心理测评系统能够自动生成测评报告,并智能推荐干预方案,使咨询师能够更快速、准确地识别出来访者的心理问题,制订有针对性的咨询计划。人工智能还可以通过对海量心理健康数据的挖掘和分析,识别出高危人群,为心理咨询师的主动干预提供依据,从而实现心理问题的早发现、早预防。

人工智能能够辅助咨询师优化咨询方案,提高咨询效果。通过对咨询过程的语音、表情、肢体动作等多模态数据进行智能分析,人工智能系统能够实时评估咨询效果,并针对性地提出改进建议。这种即时反馈机制有助于咨询师及时调整咨询策略,增强咨询的针对性和有效性。人工智能还可以通过对大量成功案例的学习,总结出最佳实践途径,为咨询师提供智能决策支持,不断优化和创新咨询模式。

参考文献

[1]王炳堃.高校大学生管理教育与校园文化建设[M].吉林出版集团股份有限公司,2021.

[2]祁素萍.高校学生管理工作创新与研究[M].长春:吉林人民出版社,2021.

[3]苗慧.新媒体视角下高校学生管理与实践探索[M].长春:吉林教育出版社,2021.

[4]张琦.高校大学生自我管理能力提升研究[M].北京:九州出版社,2021.

[5]焦明江.高校大学生教育管理工作创新研究[M].长春:吉林教育出版社,2021.

[6]于俊清,王士贤,吴驰.高校信息化建设与管理.管理篇[M].武汉:华中科学技术大学出版社,2021.

[7]高健磊.新时期高校管理与发展路径探索[M].北京:中国政法大学出版社,2021.

[8]李玲.高校学生管理工作创新研究[M].长春:吉林人民出版社,2020.

[9]蔡熙文.高校学生管理与实践创新研究[M].北京:北京工业大学出版社,2020.

[10]宋丽萍.新媒体环境下高校学生教育管理工作创新研究[M].长春:吉林大学出版社,2020.

[11]张俊霞,杨瑞刚.高校学生管理实践探索[M].北京:现代出版社,2020.

[12]赵江涛.高校学生管理艺术与实践创新研究[M].长春:吉林美术出版社,2020.

[13]张晓英.新时期高校学生管理工作探索研究[M].长春:吉林科学技术出版社,2020.

[14]冷天玖.互联网背景下高校学生管理模式创新研究[M].北京:中国水利水电出版社,2020.

[15]刘艳.融媒体下高校学生党员教育与管理[M].北京:中国原子能出版社,2020.